PAUL LORENZ · DER TREND

Der Trend

Orthogonale Polynome als Werkzeug für die Forschung

Von

Paul Lorenz

DUNCKER & HUMBLOT · BERLIN

Gedruckt 1970 bei Berliner Buchdruckerei Union GmbH., Berlin 61
Printed in Germany

Vorwort

Die erste Auflage von *„Der Trend“* von Paul Lorenz, mit dem Untertitel „Ein Beitrag zur Methode seiner Berechnung und seiner Auswertung für die Untersuchung von Wirtschaftskurven“, erschien als Sonderheft 9 der „Vierteljahrshefte zur Konjunkturforschung“ 1928 in Berlin.

Die zweite Auflage von *„Der Trend“*, mit dem Untertitel „Ein Beitrag zur Methode seiner Berechnung und seiner Auswertung für die Untersuchung von Wirtschaftskurven und sonstigen Zeitreihen“, erschien als Sonderheft 21 der „Vierteljahrshefte zur Konjunkturforschung“ 1931 in Berlin.

Das wesentlich Neue dieser Veröffentlichungen war die Behandlung von Wirtschaftsreihen mittels einer von Paul Lorenz entwickelten Form der orthogonalen ganzen rationalen Funktionen (orthogonale Polynome), die in der zweiten Auflage verallgemeinert worden ist.

Die vorliegende dritte Auflage von *„Der Trend“* bringt zwei Erweiterungen, nämlich

1. die „Darstellung statistischer Übersichten mit zwei Eingängen“ („Flächendarstellung“) mittels orthogonaler Polynome — von Paul Lorenz und

2. orthogonale Polynome und elektronisches Rechnen — von Rudolf Ludwig.

Es ist nun unumgänglich, einiges Grundsätzliche zur Charakterisierung dieses Buches zu schreiben:

Es ist zwar ein mathematisches Buch, aber es bringt keine mathematischen Theorien; es ist vielmehr mit seinen Beispielen, Statistiken, Bildern, Tabellen, Rechenvorschriften und Programmen nur ein Werkzeug für den statistischen Forscher. Die Deutung der mit diesem Werkzeug gefundenen Ergebnisse ist Aufgabe des Forschers. Weder ein elektronischer Rechner noch eine perfekte mathematische Methode kann dem Forscher diese geistige Leistung abnehmen, aber sie kann ihm dabei helfen.

Die Probleme, auf welche die neu entwickelte Methode zuerst angewendet worden ist, waren durchweg ökonomischer Natur. Ausgangspunkt war immer eine statistische Reihe aus der Wirklichkeit, deren Elemente als Ergebnisse vieler Ursachen zu betrachten waren, wobei auch zufällige Einflüsse eine nicht vernachlässigte Rolle spielten. Dadurch wurde und wird das Problem jedoch kein Problem der Wahrscheinlichkeitstheorie, sondern es bleibt ein Problem der Wirtschaftswissenschaft. Es gibt heute eine Richtung, welche die Probleme überwiegend als Probleme der Wahrscheinlichkeitsrechnung betrachtet und daher den möglichen Anteil der Mathematik an der Lösung weit überschätzt. Aber Probleme der Wirtschaftsforschung und der Wirtschaft sind letzten Endes Probleme des Lebens, und nur ein kleiner Teil der einschlägigen, statistisch erfaßbaren Vorgänge in der Wirtschaft kann zahlenmäßig auf Vorgänge mit toten Dingen abgebildet werden. Sein Einfluß kann zum größten Teil durch den mathematischen Algorithmus *nebenbei* mit berücksichtigt werden.

Ein wichtiges Kriterium für die Güte einer wissenschaftlichen Untersuchung, die sich mathematischer Hilfsmittel bedient, scheint uns zu sein, daß sie nicht mit einer Formel aufhört, sondern daß das formale Ergebnis in einer für den sachverständigen Leser verständlichen Sprache gedeutet wird: denn das Schwerste ist die Deutung. Wir haben uns in diesem Sinne bemüht.

Paul Lorenz, Berlin   Rudolf Ludwig †, Braunschweig

Inhaltsverzeichnis

Zweiter Abschnitt 68

ERSTER TEIL

Die orthogonalen ganzen rationalen Funktionen

Von Professor Dr. Paul Lorenz, Berlin

Erster Abschnitt

§ 1 Begriff des mathematischen Trends einer Wirtschaftsreihe

Betrachtet man Reihen von Wirtschaftsdaten, die sich über eine größere Zahl von Jahren erstrecken, oder ihre bildliche Darstellung durch Wirtschaftskurven, so erkennt man in ihnen außer mehr oder minder regelmäßigen Schwankungen oft eine Tendenz zum Anstieg (bisweilen auch zum Abstieg), die sich mit großer Beharrlichkeit über viele Jahre fortsetzt. Wir betrachten als erste die Reihe der deutschen Erntezahlen von Roggen in Millionen Tonnen von 1894 bis 1914, dargestellt in Bild 1.

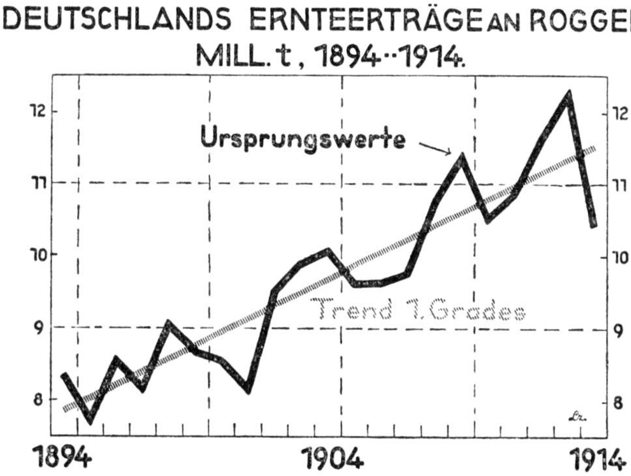

Bild 1

Stellt man sich die Aufgabe, den Lauf dieser Wirtschaftskurve zu beschreiben, so ist wohl das erste, was man zu sagen hat, daß sie im ganzen gesehen ansteigt. Sie steigt nicht gleichmäßig von Jahr zu Jahr, ja sie steigt überhaupt nicht immer von Jahr zu Jahr sondern fällt sogar mehrmals, aber im ganzen genommen oder wie man auch sagt „im Durchschnitt und auf die Dauer" steigt sie eben doch. Sie besitzt eine über längere Zeit wirksame, sich mit großer Beharrlichkeit durchsetzende Tendenz zum Anstieg, die zwar von kurzfristigen Einflüssen öfter gestört wird, die aber diese eben nur kurzfristigen Störungen immer wieder überwindet.

Diese Tendenz, diesen nicht wegzuleugnenden „Hauptverlauf" gilt es, mit mathematischen Mitteln auf einfache Art zu beschreiben. Ist er geradlinig oder ist er krummlinig? Und wenn er krummlinig ist, folgt er dann noch einem mathematischen Gesetz und welchem? Das sind Fragen, die, so gestellt, keinen Sinn haben. Warum sollte denn das Wachstum der Erntezahlen einem mathematischen Gesetz folgen? Das hieße doch voraussetzen, daß die Erntegröße (abgesehen von Störungen) eine Funktion der Zeit, der Jahreszahl sei. Für die Prognose der Ernteerträge wäre das ja sehr nützlich (in anderen Fällen für die Prognose anderer Wirtschaftserscheinungen), aber rechten Sinn hat das offenbar nicht.

Man wolle nun bitte nicht einwenden, daß ich dem Leser zumute, sich durch Trivialitäten durchzuarbeiten, denn einerseits hat man der mathematischen Statistik gelegentlich solche primitiven Anschauungen untergeschoben, anderseits haben manche Autoren kein Bedenken gehabt, mathematische Begriffsbildungen, insbesondere aus der Wahrscheinlichkeitsrechnung auf Wirtschaftserscheinungen anzuwenden, ohne es begründen zu können.

Der Ort eines nach oben geworfenen (oder geschossenen) Körpers zu einem bestimmten Zeitpunkt ist eine einfach formulierbare Funktion der Zeit. Das haben tausende Versuche an verschiedenen Orten und zu verschiedenen Zeiten ergeben, und die mathematische Formel gibt Aussagen über die Anfangsgeschwindigkeit, die Geschwindigkeit zu einem bestimmten Zeitpunkt, und die Steighöhe. In vollem Gegensatz hierzu stehen die Umstände bei der Betrachtung der deutschen Erntezahlen. Der durch die Zahlenreihe beschriebene Vorgang ist einmalig und nicht wiederholbar. Die Frage, ob ihm Kausalitäten zugrundegelegen haben, denen zufolge er einen im Durchschnitt und auf die Dauer in erster Annäherung geradlinigen Lauf nehmen mußte, hat daher einen ganz andern Sinn als bei dem Wurfversuch. Es ist möglich, daß die Kräfte, die auf die Größe der Ernte Einfluß haben, das sind außer den Bodenverhältnissen, der Ausdehnung und Art des Ackerbaus, der Düngung und dem Wetter, Zustände und Veränderungen im Bevölkerungsaufbau, in den Preisen, im Außenhandel, in der Politik und so weiter, daß also diese Kräfte eine Tendenz zum gerad- oder krummlinigen Anstieg im Durchschnitt und auf die Dauer hervorbringen. Darüber aber, ob das in dem betrachteten Zeitabschnitt der Fall gewesen ist, können uns nur die statistischen Zahlen und der

Anblick der Kurve belehren, wobei noch ein gewisser Spielraum für das persönliche Urteil bleibt, dagegen kein Experiment und keine Spekulation. Es ist deshalb auch sinnlos, die Beobachtungen für den Zeitabschnitt 1894 bis 1914 zu verallgemeinern.

Da die Dinge so liegen, gibt uns die Beschreibung des „Hauptverlaufs" einer statistischen Kurve leider viel weniger als wir wohl gern von ihr haben möchten. Es folgt auch noch die Tatsache, daß obwohl der bisherige Hauptverlauf der Kurve durch eine Gerade darstellbar ist, so doch der zukünftige Hauptverlauf nicht durch eben diese Gerade darstellbar zu sein braucht, ja überhaupt nicht durch eine Gerade.

Trotz allen diesen Mängeln erweist sich der Begriff des Hauptverlaufs einer Wirtschaftskurve, anders gesagt ihrer Tendenz im Durchschnitt und auf die Dauer als ein nützliches Instrument zur Analyse von Wirtschaftserscheinungen und zur Aufdeckung von Zusammenhängen, wie sich zeigen wird.

§ 2 Mathematische Präzisierung des Trendsbegriffs

Wir knüpfen die folgenden Betrachtungen an das Bild 2, in dem die Entwicklung der Roheisenproduktion in fünf Ländern von 1889 bis 1913 dargestellt ist. In die empirischen Kurven sind die in einer noch zu beschreibenden Weise berechneten Hauptverläufe eingezeichnet. Man kann sie sich auch dadurch entstanden denken, daß man den einzelnen empirischen Kurven mit einem genügend breiten in (abwaschbare) Farbe getauchten Pinsel gefolgt ist; die Mittellinien der entstehenden Farbstreifen sind die Hauptverläufe oder Trends.

Um mit den Trends mathematisch arbeiten zu können, ist es aber unumgänglich, sie mathematisch zu definieren, anders gesagt in die Form von Gleichungen zu kleiden. Darüber wie eine mathematische Funktion gebaut sein muß, durch welche man den großen allgemeinen Zug einer Wirtschaftskurve ohne Rücksicht auf kurzfristige Schwankungen darstellen will, lassen sich allgemeingültige Grundsätze nicht aufstellen. An ihre Stelle werden in der Regel zweckentsprechende Forderungen mehr formaler Art gesetzt. Wir verlangen, daß die Trendgleichung möglichst einfach sei, zum mindesten in ihren einfachsten Formen durchsichtig und anschaulich und rechentechnisch leicht zu handhaben. Diesen Forderungen genügen am besten die ganzen rationalen Funktionen, auch Polynome genannt, die man in der Form

$$y = c_0 + c_1 x + c_2 x^2 + \dots$$

ansetzen kann. Sie haben außerdem den Vorzug, daß man die Zahl der Konstanten, von denen die Biegsamkeit der entsprechenden Kurven abhängt, in ungezwungener und eindeutiger Weise vermehren kann. Die entsprechenden Kurven werden Parabeln genannt. Die Parabel nullten Grades ist eine zur Grundlinie parallele Gerade, die Parabel ersten Grads eine zur Grundlinie nicht parallele Gerade, die Parabel zweiten Grads eine Wurfparabel.

Man braucht nun noch eine Vorschrift für die Berechnung der Konstanten. Wir wollen beispielsweise den Trend für die jährliche Deutsche Roheisenproduktion in 1000 t von 1889 bis 1913 berechnen und legen die Rechnung wie folgt an.

Übersicht 1: Deutsche Roheisenerzeugung

Jahr	x	h	Jahr	x	h	
1901	0	7 880				
02	1	8 530	1900	− 1	8 521	
03	2	10 018	1899	− 2	8 143	
04	3	10 058	98	− 3	7 313	
05	4	10 875	97	− 4	6 881	
06	5	12 293	96	− 5	6 373	
07	6	12 875	95	− 6	5 465	
08	7	11 805	94	− 7	5 380	
09	8	12 645	93	− 8	4 986	
10	9	14 794	92	− 9	4 937	
11	10	15 574	91	−10	4 641	
12	11	17 853	90	−11	4 658	
13	12	19 309	89	−12	4 525	
S		164 509	S		71 823	zus. 236 332

Die Zählung der „unabhängigen Veränderlichen x“ ist willkürlich aber so wie vorstehend geschehen zweckmäßig. Die „abhängige Veränderliche h“ symbolisiert die produzierten Mengen Roheisen in tausend t.

Es ist offensichtlich, daß zur Darstellung des Hauptverlaufs der Kurve ein Trend ersten Grads, das heißt eine gerade Linie nicht ausreicht. Trotzdem ist es zweckmäßig, zunächst den Trend ersten Grads zu berechnen, weil das zu zeigende Verfahren der Trendberechnung mittels orthogonaler ganzer rationaler Funktionen nach dem „Baukastensystem“ arbeitet, wie noch erläutert werden wird.

Zur Berechnung des Trends ersten Grads benutzen wir die orthogonalen ganzen rationalen Funktionen noch nicht, sondern definieren ihn ganz einfach durch die Gleichung

$$y = c_0 + c_1 x$$

Die Konstanten c_0 und c_1 könnte man dadurch bestimmen, daß man die Gerade durch zwei ausgewählte Punkte der Wirtschaftskurve legt, aber besser ist es, sie gemäß der Methode der kleinsten Quadratsumme zu bestimmen. Danach fordern wir, daß die Summe der Quadrate der vertikalen Abstände des Trends von den empirischen Punkten Minimum wird, in Zeichen

$$\Sigma (c_0 + c_1 x - h)^2 \qquad \text{Minimum !}$$

Durch partielle Differentiation nach den c und Nullsetzen der Differentialquotienten folgt

$$\begin{aligned} c_0 N \quad + c_1 \Sigma x \; &= \Sigma h \\ c_0 \Sigma x + c_1 \Sigma x^2 &= \Sigma hx \end{aligned}$$

Dabei ist N die Summe der Beobachtungswerte, im Beispiel 25, und die Summen sind über alle Werte von x, also von $x = -12$ bis $x = 12$ und alle Beobachtungswerte zu erstrecken.

Dank der für x gewählten Skala wird $\Sigma x = 0$ und das Gleichungssystem vereinfacht sich zu

$$c_0 = \Sigma h/N \qquad = 236\,332/25 \qquad = 9\,453{,}283$$

$$c_1 = \sum_{x=-\frac{N-1}{2}}^{\frac{N-1}{2}} h\,x/\Sigma x^2 = 728\,873/1\,300 = \quad 560{,}67$$

Die Gleichung des Trends ersten Grads lautet mithin

$$y = 9\,453{,}28 + 560{,}67\,x$$

Um die entsprechende Gerade zeichnen zu können, genügt es, zwei Punkte zu berechnen, zum Beispiel

$$x = N - 12;\; y = 2\,725 \qquad \text{und} \qquad x = 12;\; y = 16\,181$$

Für die Berechnung der Trends höherer Grade benutzen wir die orthogonalen ganzen rationalen Funktionen, die wir durch die Zeichen X_1 X_2 X_3 und so weiter symbolisieren wollen, und setzen an

für den Trend 2. Grades $y = a_0 + a_1 X_1 + a_2 X_2$

für den Trend 3. Grades $y = a_0 + a_1 X_1 + a_2 X_2 + a_3 X_3$

und so weiter.

Da das ganze Verfahren wie bereits gesagt nach dem Baukastensystem aufgebaut ist, kann man jedoch jeweils die für den Trend ersten Grdes berechnete Gleichung mitbenutzen und zum Beispiel die letzten beiden Gleichungen wie folgt schreiben

$$y = c_0 + c_1 x + a_2 X_2$$

$$y = c_0 + c_1 x + a_2 X_2 + a_3 X_3$$

und so weiter.

Dabei ist $a_0 = c_0 = \frac{1}{N} \Sigma h$ und $c_1 = \Sigma hx / \Sigma x^2 = \Sigma hx / N \frac{N^2-1}{12}$ wobei die zuletzt hingeschriebene Berechnungsweise von c_1 schneller zum Ziele führt, wenn die Beobachtungsreihe lang ist.

Weiter ist

$$a_2 = \frac{1}{N} \Sigma hX_2 \qquad a_3 = \frac{1}{N} \Sigma hX_3$$

und so weiter.

Die Funktionen X_2 X_3 und so weiter bis X_6 sind für Reihenumfänge von 3 bis 80 tabelliert und dem Buche im Tabellenanhang beigegeben.

Die Funktionen X_2 X_3 und so weiter bis X_6 sind für Reihenumfänge Roheisenerzeugung.

$N = 25$

$$\sum_{x=-12}^{12} x^2 = N \frac{N^2 - 1}{12} = 1\,300 \,*$$

$$c_0 = \frac{1}{N} \sum_{x=-12}^{12} h = \frac{1}{25} \sum_{x=0}^{12} s = \frac{1}{25}\, 236\,332 = 9\,453{,}28$$

$$c_1 = \sum_{x=-12}^{12} h\,x \Big/ \sum_{x=-12}^{12} x^2 = \sum_{x=0}^{12} d\,x \Big/ 25\, \frac{25^2 - 1}{12} = 728\,873 / 1\,300 = 560{,}71$$

$$a_2 = \frac{1}{N} \sum_{x=0}^{12} s\, X_2 = 24\,007 / 25 = 960{,}28$$

Anmerkung für später. Es ist

$a_0 = c_0$

$$a_1 = \frac{1}{N} \sum_{x=-12}^{12} h\, X_1 = \frac{1}{25} \sum_{x=0}^{12} d\, X_1(x) = \sum_{x=0}^{12} d\,x\, \frac{X_1(1)}{25} = \sum_{x=0}^{12} d\,x \cdot 0{,}00554700 \qquad \text{s. Tabellenwerk}$$

$$= 728\,873 \cdot 0{,}00554700 = 4\,043{,}06$$

---

* Die Formel $\sum_{x=-\frac{N-1}{2}}^{\frac{N-1}{2}} x^2 = N \frac{N^2 - 1}{12}$ gilt nicht nur für $N = 25$ sondern allgemein.

Jährliche deutsche Roheisenerzeugung in 1000 t 1889 bis 1913

x	$h - h = d$	$h + h = s$	$d \cdot x$	$s \cdot X_2$
0		7 880	0	− 8 831
1	9	17 051	9	− 18 742
2	1 875	18 161	3 750	− 18 788
3	2 745	17 371	8 235	− 16 099
4	3 994	17 756	15 976	− 13 777
5	5 020	18 666	29 600	− 10 862
6	7 410	18 340	44 460	− 6 324
7	6 425	17 185	44 975	− 1 111
8	7 659	17 631	61 272	4 560
9	9 857	19 731	88 713	12 332
10	10 933	20 215	109 330	20 913
11	13 195	22 511	145 145	33 477
12	14 784	23 834	177 408	47 259
S	156 629	236 332	728 873	24 007

	x	$c_0 + c_1 x$ oder $a_0 + a_1 X_1$	$a_2 X_2$	y_2
1913	12	16 182	1 904	18 086
12	11	15 621	1 428	17 049
11	10	15 060	993	16 053
10	9	14 500	600	15 100
09	8	13 939	248	14 187
08	7	13 378	− 62	13 316
07	6	12 818	− 331	12 487
06	5	12 257	− 559	11 698
05	4	11 696	− 745	10 951
04	3	11 135	− 890	10 245
03	2	10 575	− 993	9 582
02	1	10 014	− 1 056	8 958
01	0	9 453	− 1 076	8 377
1900	− 1	8 893	− 1 056	7 837
1899	− 2	8 332	− 993	7 339
98	− 3	7 771	− 890	6 881
97	− 4	7 210	− 745	6 465
96	− 5	6 650	− 559	6 091
95	− 6	6 089	− 331	5 758
94	− 7	5 528	− 62	5 466
93	− 8	4 968	248	5 216
92	− 9	4 407	600	5 007
91	−10	3 846	993	4 839
90	−11	3 285	1 428	4 713
89	−12	2 725	1 904	4 629
S		236 332	− 2	236 330

§ 3 Allgemeine Eigenschaften einer Näherungsfunktion zu einer Wirtschaftsreihe, insbesondere des „Trends“

Eine solche Funktion ist zunächst eine beschreibende Formel. Das kann von Wert sein oder nicht. Ein Kriterium für den Wert der Formel ist, ob die in ihr auftretenden Konstanten anschaulich deutbar sind. Je einfacher und klarer der sachliche Sinn der Konstanten ist und je inniger er mit der sachlichen Eigenart des beobachteten Vorgangs zusammenhängt, um so wertvoller ist die Formel. Ein weiteres Kriterium besteht darin ob die Formel die Einsicht in den Lauf der Beobachtungsreihe in irgend einer Richtung zu vertiefen oder zu bereichern vermag.

Die nach der Methode der kleinsten Quadratsumme berechneten Näherungspolynome stellen zweitens eine natürliche Fortbildung des arithmetischen Mittels dar. Das ist von wesentlicher Bedeutung für die Darstellung des Trends durch Polynome.

Drittens ist jede mathematisch definierte Näherungsfunktion dank ihrem glatten Lauf eine Ausgleichungsformel, mit der man, falls eine Ausgleichung überhaupt sachlich sinnvoll ist, mit Vorteil operieren kann und die daher Existenzberechtigung neben den Verfahren der mechanischen Ausgleichung hat. Für die Analyse wirtschaftlicher Erscheinungen ist das aber von untergeordneter Bedeutung.

Die Bedeutung der orthogonalen ganzen rationalen Funktionen für die Interpolation wird im zweiten Teile dieses Buchs ausführlich dargelegt.

Was ist und was soll der mathematische Trend einer Wirtschaftskurve nicht?

Der Trend soll nicht die empirische Kurve ersetzen, wie etwa das mathematisch formulierte Gesetz eines physikalischen Vorgangs den Vergleich mit Beobachtungen oder ihre Kontrolle ermöglicht. Beobachtet man zum Beispiel die Temperatur eines erwärmten Körpers, der in eine Umgebung von Null Grad gebracht wird, so kann man feststellen, daß die Temperatur von der seit einem gewissen Zeitpunkt verflossenen Dauer in ganz bestimmter Weise abhängt. Sie ist eine Funktion dieser Dauer und der Anfangstemperatur. Dagegen kann die in einem gewissen Jahr erzeugte Menge Roheisen in der Regel nicht als eine Funktion der seit einem gewissen Zeitpunkt verflossenen Dauer angesehen werden. Die Mengen des in den verschiedenen Jahren erzeugten Roheisens haben mit den Jahreszahlen weiter nichts gemein als das zeitliche Zusammenfallen. Sie stehen mit ihnen in keinem, wie auch immer gearteten ursächlichen Zusammenhang, weder in einem funktionalen noch in einem stochastischen. Daraus folgt:

Erstens. Die Anwendung wahrscheinlichkeitstheoretischer Überlegungen zur Beurteilung der „Güte“ des Trends entspricht nicht dem Sinn und dem Ziel der Trendrechnung.

Zweitens. Der Trend ist ohne eingehende sachliche Begründung nicht verlängerbar. Er ist ein beiderseits begrenztes Stück einer Kurve (Gerade oder Parabel), das an den Grenzen des Beobachtungszeitraums ein natürliches Ende findet, wobei noch eine sofort zu erwähnende Einschränkung zu machen ist.

Drittens. Wenn der Trend in der Regel als kontinuierliche Kurve gezeichnet wird, so geschieht das nur zur Erhöhung der Anschaulichkeit, also zu demselben Zweck, zu dem man die Punkte, welche die jährliche Erzeugung von Roheisen darstellen, verbindet; zu einer „Wirtschaftskurve“. Sachliche Bedeutung haben aber nur die den einzelnen Beobachtungswerten entsprechenden Punkte. Das gleiche gilt für den Trend. Der Trend ist auch nur unter gewissen Umständen und nach hinreichender sachlicher Begründung interpolierbar. — Natürlich wird die Möglichkeit einer sachlich begründbaren Interplation öfter gegeben sein als die einer Extrapolation.

Viertens. Da der Trend einer Wirtschaftskurve nur deren großen allgemeinen Zug, nur ihren Hauptlauf wiedergeben soll, wird sein Erkenntniswert durch Steigerung des Grades über ein von Fall zu Fall zu bestimmendes Maß im allgemeinen nicht vergrößert sondern verkleinert.

§ 4 Formale Deutung der Trends nullten, ersten und zweiten Grades

1. Der Trend nullten Grades

Seine Gleichung lautet $y = a_0$, wobei $a_0 = c_0 = \frac{1}{N} \Sigma h$, das heißt das arithmetische Mittel aller Beobachtungswerte ist.

Bei Reihen von statistischen Beobachtungen, die nicht nach der Zeitfolge geordnet sind oder bei denen die Zeit keine Rolle spielt, kommt dem arithmetischen Mittel ein hoher Erkenntniswert zu, auch dann, wenn es nicht mit einem Beobachtungswert zusammenfällt. Es nimmt unter den Charakteristiken von solchen statistischen Reihen eine Sonderstellung ein. Bei in der Zeit laufenden Wirtschaftsreihen nimmt der Umstand, daß die Beobachtungswerte zeitlich geordnet sind (oft sind sie über eine lange Reihe von Jahren verteilt) dem einfachen arithmetischen Mittel viel von seiner Anschaulichkeit. So könnte zum Beispiel die Kurve der Deutschen Roheisenerzeugung von 1889 bis 1913 genau umgekehrt gelaufen sein, also mit den großen Werten beginnen und mit den kleinen enden, ohne daß das in dem arithmetischen Mittel zum Ausdruck käme. Die der Gleichung $y = a_0$ entsprechende Parallele zur Abszissenachse gibt eben nur eine rohe Beschreibung der Ursprungsreihe, um nicht zu sagen gar keine, obwohl die Summe der in den Beobachtungszeitpunkten errichteten, bis zu der Geraden $y = a_0$ reichenden Ordinaten gleich der Summe der Ordinaten der Beobachtungsreihe ist. Die Gleichung $y = a_0$ besagt bei der Reihe der Deutschen Roheisenerzeugung nur: Wenn die Erzeugung von 1889 bis 1913 gleich geblieben wäre und jährlich 9453 tausend t betragen hätte, dann wäre die Gesamterzeugung von 1889 bis 1913 ebenso groß gewesen, wie sie tatsächlich gewesen ist. Es liegt also nahe, eine Verfeinerung des arithmetischen Mittels zu suchen.

2. Der Trend ersten Grades

Die gewünschte Verfeinerung bietet sich ungezwungen in den Trends des ersten und der höheren Grade.

Der Trend ersten Grades ist eine zur Abszissenachse nicht parallele Gerade. Er folgt dem Laufe der empirischen Kurve, die er mindestens zweimal schneidet, und gibt durch die Steilheit seines Anstiegs (seines Erhebungswinkels) ein Maß für das durchschnittliche Steigen oder Fallen der beschriebenen wirtschaftlichen Erscheinung. Die Entwicklung der Deutschen Roheisenerzeugung von 1889 bis 1913 ist, wie Bild 2 zeigt, nicht geradlinig gewesen, hat nicht Jahr für Jahr um den gleichen Betrag zugenommen, ist vielmehr heftigen Schwankungen unterworfen gewesen und vorübergehend sogar in Abnahme umgeschlagen. Will man die Entwicklung aber doch, das heißt natürlich näherungsweise, durch eine gerade Linie darstellen, so könnte man etwa auf den Gedanken kommen, den ersten und den letzten Punkt der empirischen Reihe geradlinig zu verbinden und die so festgelegte Gerade als den Repräsentanten einer fiktiven Entwicklung der Deutschen Roheisenerzeugung von 1889 bis 1913 zu betrachten, die gewissen Unersuchungen anstelle oder zusammen mit der empirischen Kurve zugrunde zu legen wäre.

Der Wert einer solchen fiktiven Darstellung hängt von ihren Eigenschaften ab. Um die Überlegenheit des geraden Trends gegenüber der beschriebenen Verbindungsgeraden als Repräsentant der durchschnittlichen Entwicklung klarzustellen, machen wir die folgenden Gegenüberstellungen.

1. Die Summe der den empirischen Werten entsprechenden Werte der Ordinaten der Verbindungsgeraden ist nicht gleich der Summe der empirischen Werte, wogegen die Summe der Ordinaten des Trends ebensogroß ist wie die Summe der empirischen Werte (der empirischen Ordinaten).

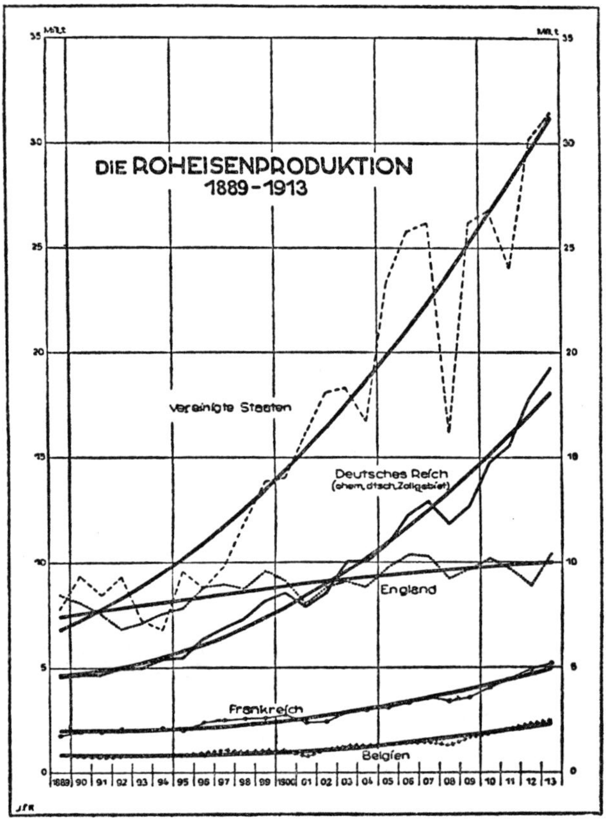

Bild 2

2. Lage und Richtung der Verbindungsgeraden hängen nur von den Lagen des ersten und des letzten Punkts der empirischen Reihe ab. Man kann die Lage der dazwischen befindlichen Punkte beliebig ändern oder geändert denken, ohne daß dadurch die Lage der Verbindungsgeraden des ersten und des letzten Punktes geändert wird. So selbstverständlich diese Feststellung zu sein scheint, ist es doch nötig, sich darüber im klaren zu sein, daß eine durch nur zwei Punkte einer empirischen Reihe festgelegte Gerade nicht als Repräsentant des durchschnittlichen Laufs einer Beobachtungsreihe geeignet ist. Dagegen hängen Lage und Richtung des Trends von allen Punkten der empirischen Reihe ab.

3. In Lage und Richtung der Verbindungsgeraden kommt nicht zum Ausdruck, ob die Randjahre als Jahre der Prosperität oder der Depres-

sion anzusehen sind. In Lage und Richtung des Trends kommt es. — Man betrachte zur Illustration dieser Überlegungen bitte auch Bild 1.

3. Der Trend zweiten Grades

Der Anfang des Trends zweiten Grades für die Deutsche Roheisenerzeugung von 1889 bis 1913 lautet:

1889	1890	1891	1892	1893	1894	1895
4 629	4 713	4 839	5 007	5 216	5 466	5 758

Die ersten Differenzen sind:

84	126	168	209	250	292

und die zweiten Differenzen:

42	42	41	41	42

Die zweiten Differenzen sind, abgesehen von Rundungsfehlern konstant. Das bedeutet, daß die durch den Trend zweiten Grades dargestellte fiktive Entwicklung zustande gekommen wäre, wenn sich der Zuwachs jährlich um etwas mehr als 41tausend t vergrößert hätte, beginnend mit dem Zuwachs von 84tausend t von 1889 auf 1890 und mit einer Erzeugung von 4629tausend t im Jahre 1889. Dabei folgt aus der Methode der Trendberechnung wieder, daß die Summe der 25 Trendordinaten gleich der Summe der 25 empirischen Werte ist.

Die Rechnungen dieses Paragraphen werden illustriert durch das Bild 3, Seite 26 „Baukastenprinzip“.

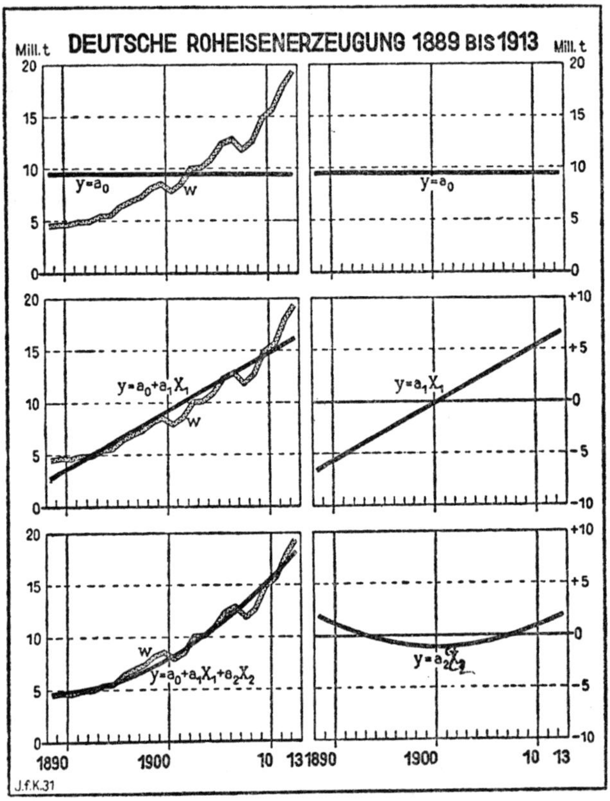

Bild 3: Baukastenprinzip

§ 5 Der Sinn der Trends höheren Grades

Ein Trend höheren Grades ist wie einer niederen Grades zunächst eine beschreibende Formel oder Kurve. Dank seiner größeren Biegsamkeit ist er geeignet, den Hauptlauf von solchen Wirtschaftsreihen befriedigend wiederzugeben, die keine einfache Tendenz des großen Zuges zeigen. Man betrachte zum Beispiel das Bild 4, das die Zahl der Eheschließenden auf 10 000 Einwohner in den Niederlanden im Zeitraum 1870 bis 1913 darstellt. Der empirischen Kurve ist der Trend fünften Grades eingezeichnet. Er gibt den Lauf der Kurve sicher gut wieder. Es fragt sich nur, ob sich die Mühe der Rechnung schon dadurch bezahlt macht, daß man weiter nichts erhält als diese glatte Linie, die man bei einigem Geschick auch vielleicht aus freier Hand nicht viel schlechter in die empirische Kurve hätte einzeichnen können. Man kann darüber geteilter Meinung sein. So einfach und beinahe eindeutig wie in diesem Falle dürfte sich ein wellenförmiger Hauptlauf einer empirischen Kurve jedoch nur in seltenen Fällen aus freier Hand zeichnen lassen, vielmehr werden in den meisten Fällen verschiedene Zeichner zu voneinander abweichenden Ergebnissen kommen. Wir kommen darauf beim nächsten Bild zurück.

Es folgen die statistischen Zahlen zu dem Bild 4 und die Berechnung der Trendkonstanten vom nullten bis zum sechsten Grad.

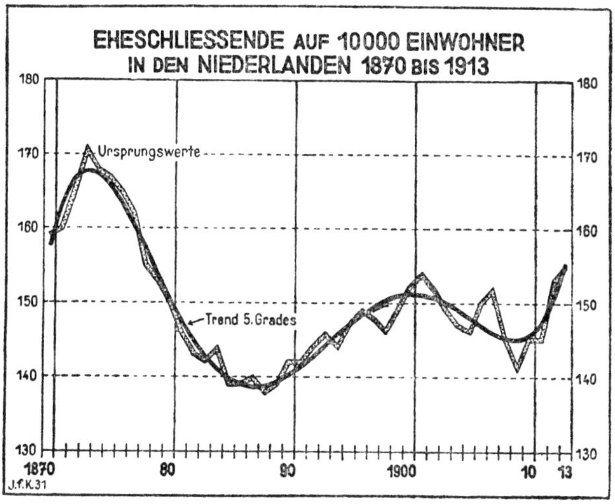

Bild 4

Anmerkungen zur umseitigen Tabelle:

Das ist ein Muster für die Anlage der Rechnungen beim Rechnen mit einer Tischrechenmaschine, das man in gewissen Grenzen variieren kann.

Die Summen $h + h'$ sind zwecks bequemerer Rechnung um einen festen Betrag verkleinert worden. Das ist deswegen gestattet, weil die Summen der geraden Funktionen immer gleich Null sind, abgesehen von Rundungsfehlern; vergleiche Tabellenwerk. Man hätte $h + h'$ auch um einen andern Betrag verkleinern können, zum Beispiel um 280.

Eheschließende in den Niederlanden auf 10 000 Einwohner 1870 bis 1913; N = 44

$2x$	h (1892)	h' (1891)	$h+h'-200=s$	$h-h'=d$	$d\cdot 2x$	$d\,X_3$	$d\,X_5$	$s\,X_2$	$s\,X_4$	$s\,X_6$
1	144	142	86	2						
3	146	142	88	4						
5	144	139	83	5						
7	147	138	85	9						
9	149	140	89	9	183	− 15,74	22,57	− 457,49	405,41	− 326,94
11	148	139	87	9						
13	146	139	85	7						
15	149	144	93	5						
17	152	142	94	10						
19	154	143	97	11	827	− 60,81	63,95	− 780,26	390,68	− 2,70
21	152	146	98	6						
23	149	150	99	− 1						
25	147	153	100	− 6						
27	146	155	101	− 9						
29	150	162	112	−12	189	− 43,66	85,52	− 785,53	− 166,56	358,56
31	152	165	117	−13						
33	145	167	112	−22						
35	141	168	109	−27						
37	145	171	116	−26						
39	145	165	110	−20	−3 627	− 75,73	203,47	− 212,61	− 493,20	− 270,10
41	153	160	113	− 7						
43	155	159	114	− 4	−4 086	− 96,61	189,05	228,57	− 76,43	− 9,64
	(1913)	(1870)	2 188 + 4 400 = 6 588	−70						

$$c_0 = a_0 = \Sigma\,(h + h')/44 = \Sigma\,s/44 = 149{,}727$$

$$\Sigma\,(h - h')\,x = \Sigma\,d \cdot x = -\,2043 \quad \Sigma\,x^2 = N \cdot \frac{N^2 - 1}{12} = 7095 \quad c_1 = -\,2043/7095 = -\,0{,}28794 \quad \frac{c_1}{2} = -\,0{,}14397$$

$$a_3 = \frac{1}{N}\,\Sigma\,d\,X_3 = -\quad 96{,}61/44 = -\,2{,}196$$

$$a_5 = \frac{1}{N}\,\Sigma\,d\,X_5 = \quad 189{,}05/44 = \quad 4{,}297$$

$$a_2 = \frac{1}{N}\,\Sigma\,s\,X_2 = \quad 228{,}57/44 = \quad 5{,}195$$

$$a_4 = \frac{1}{N}\,\Sigma\,s\,X_4 = -\quad 76{,}43/44 = -\,1{,}737$$

$$a_6 = \frac{1}{N}\,\Sigma\,s\,X_6 = -\quad 9{,}64/44 = -\,0{,}219$$

Es ist nicht nötig, die Produkte $d \cdot 2x$ $d \cdot X_3$ bis $s \cdot X_6$ Zeile für Zeile hinzuschreiben, da man das Addieren der Maschine überlassen kann. Es ist aber zweckmäßig, einige Zwischenergebnisse hinzuschreiben, denn das erleichtert die Kontrolle.

Da die Konstante a_6 ihrem absoluten Werte nach erheblich kleiner ist als die anderen a, lassen wir sie aus der weiteren Rechnung weg und wenden uns der Berechnung des Trends fünften Grads zu. Eine ausführlichere Begründung für diese Auslassung folgt am Schluß von § 6.

Der Trend 5. Grads lautet

$$y = 149{,}727 - 0{,}288\,x + 5{,}195\,X_2 - 2{,}196\,X_3 - 1{,}737\,X_4 + 4{,}297\,X_5$$

Eheschließende in den Niederlanden; Auswertung der Trendgleichung

$2x$	$y_1 = c_0 + \frac{c_1}{2} \cdot 2x$	$5{,}195\ X_2$	$-2{,}196\ X_3$	$-1{,}737\ X_4$	$4{,}297\ X_5$	y_5
43	143,54	10,85	– 5,07	– 4,15	10,13	155,3
41	143,82	9,34	– 3,65	– 2,22	3,06	150,4
39	144,11	7,89	– 2,41	– 0,70	– 1,65	147,2
37	144,40	6,52	– 1,32	0,45	– 4,46	145,6
35	144,69	5,23	– 0,39	1,28	– 5,79	145,0
33	144,98	4,00	0,40	1,82	– 5,99	145,2
31	145,26	2,85	1,06	2,13	– 5,37	145,9
29	145,55	1,77	1,58	2,24	– 4,20	147,0
27	145,84	0,76	1,99	2,18	– 2‘72	148,0
25	146,13	– 0,18	2,29	1,99	– 1,10	149,1
23	146,42	– 1,05	2,48	1,69	0,50	150,0
21	146,70	– 1,84	2,58	1,32	1,95	150,7
19	146,99	– 2,56	2,60	0,91	3,17	151,1
17	147,28	– 3,21	2,53	0,46	4,10	151,2
15	147,57	– 3,79	2,40	0,01	4,70	150,9
13	147,86	– 4,29	2,21	– 0,42	4,95	150,3
11	148,14	– 4,72	1,96	– 0,82	4,86	149,4
9	148,43	– 5,08	1,66	– 1,18	4,46	148,3
7	148,72	– 5,37	1,33	– 1,48	3,78	147,0
5	149,01	– 5,59	0,97	– 1,71	2,87	145,6
3	149,30	– 5,73	0,59	– 1,87	1,79	144,1
1	149,58	– 5,80	0,20	– 1,95	0,61	142,6
– 1	149,87	– 5,80	– 0,20	– 1,95	– 0,61	141,3
– 3	150,16	– 5,73	– 0,59	– 1,87	– 1,79	140,2
– 5	150,45	– 5,59	– 0,97	– 1,71	– 2,87	139,3
– 7	150,74	– 5,37	– 1,33	– 1,48	– 3,78	138,8
– 9	151,02	– 5,08	– 1,66	– 1,18	– 4,46	138,6
–11	151,31	– 4,72	– 1,96	– 0,82	– 4,86	139,0
–13	151,60	– 4,29	– 2,21	– 0,42	– 4,95	139,7
–15	151,89	– 3,79	– 2,40	0,01	– 4,70	146,1
–17	152,18	– 3,21	– 2,53	0,46	– 4,10	142,8
–19	152,46	– 2,56	– 2,60	0,91	– 3,17	145,0
–21	152,75	– 1,84	– 2,58	1,32	– 1,95	147,7
–23	153,04	– 1,05	– 2,48	1,69	– 0,50	150,7
–25	153,33	– 0,18	– 2,29	1,99	1,10	154,0
–27	153,62	0,76	– 1,99	2,18	2,72	157,3
–29	153,90	1,77	– 1,58	2,24	4,20	160,5
–31	154,19	2,85	– 1,06	2,13	5,37	163,5
–33	154,48	4,00	– 0,40	1,82	5,99	165,9
–35	154,77	5,23	0,39	1,28	5,79	167,5
–37	155,06	6,52	1,32	0,45	4,46	167,8
–39	155,34	7,89	2,41	– 0,70	1,65	166,6
–41	155,63	9,34	3,65	– 2,22	– 3,06	163,3
–43	155,92	10,85	5,07	– 4,15	– 10,13	157,6

Als zweites Beispiel zur Erläuterung des Sinns der Trends höherer Grade benutzen wir die Reihen

1. der Eheschließenden auf 10 000 Einwohner in Großbritannien (E)
2. der Arbeitslosen in ⁰/₀₀ der Gewerkschaftsmitglieder ebenda (A)

je von 1870 bis 1913. $N = 44$

Jahr	$2x$	E	A	Jahr	$2x$	E	A	$E(s)$	$E(d)$	$A(s)$	$A(d)$
1892	1	154	63	1891	− 1	156	35	310	− 2	98	28
93	3	148	75	90	− 3	156	21	304	− 8	96	54
94	5	150	69	89	− 5	150	21	300	0	90	48
95	7	150	58	88	− 7	144	49	294	6	107	9
96	9	158	33	87	− 9	144	76	302	14	109	− 43
97	11	160	33	86	− 11	142	102	302	18	135	− 69
98	13	162	28	85	− 13	146	93	308	16	121	− 65
1899	15	166	20	84	− 15	152	81	318	14	101	− 61
1900	17	160	25	83	− 17	156	26	316	4	51	− 1
01	19	160	33	82	− 19	156	23	316	4	56	10
02	21	158	40	81	− 21	152	35	310	6	75	5
03	23	156	47	80	− 23	150	55	306	6	102	− 8
04	25	154	60	79	− 25	144	114	298	10	174	− 54
05	27	154	50	78	− 27	152	68	306	2	118	− 18
06	29	158	36	77	− 29	158	47	316	0	83	− 11
07	31	160	37	76	− 31	166	37	326	− 6	74	0
08	33	152	78	75	− 33	168	24	320	− 16	102	54
09	35	148	77	74	− 35	170	17	318	− 22	94	60
10	37	150	47	73	− 37	176	12	326	− 26	59	35
11	39	152	30	72	− 39	174	9	326	− 22	39	21
12	41	156	32	71	− 41	166	16	322	− 10	48	16
13	43	156	21	70	− 43	161	39	317	− 5	60	− 18
S		3 422	992			3 439	1 000	6 861	− 17	1 992	− 8

Aus der Übersicht können die Trendkonstanten mittels der Tabellen für die Funktionen X in der gezeigten Weise unmittelbar berechnet werden. Man findet für die

Arbeitslosen	Eheschließenden
$c_0 = 155{,}932$	$c_0 = 45{,}273$
$c_1 = -0{,}1733$	$c_1 = 0{,}09891$
$a_2 = 3{,}318$	$a_2 = -7{,}587$
$a_3 = -3{,}654$	$a_3 = 6{,}481$
$a_4 = -0{,}706$	$a_4 = -3{,}569$
$a_5 = 3{,}469$	$a_5 = -8{,}764$

Was die Arbeitslosen betrifft, so überraschen die Ergebnisse, denn sie beweisen, daß auch die Kurve der Arbeitslosen in scharf ausgeprägter Form eine „lange Welle“ besitzt, obwohl der Augenschein eher dagegen spricht, denn es dürfte schwer sein, diese „lange Welle“ aus freier Hand in die empirische Kurve der Arbeitslosen im mittleren Bildchen von Bild 5 zu zeichnen. Nach dem Augenschein dürfte man eher geneigt sein, deren Lauf „im Durchschnitt und auf die Dauer“ durch eine gerade Linie zu repräsentieren, und zwar eine solche, die zur Grundlinie parallel oder doch nur wenig gegen sie geneigt ist. Daß dem berechneten Trend fünften Grades aber reale Bedeutung zukommt, geht aus der Tatsache hervor, daß er ein fast ideales Spiegelbild des Trends der Eheschließenden ist; Bild 6, mittleres Bildchen.

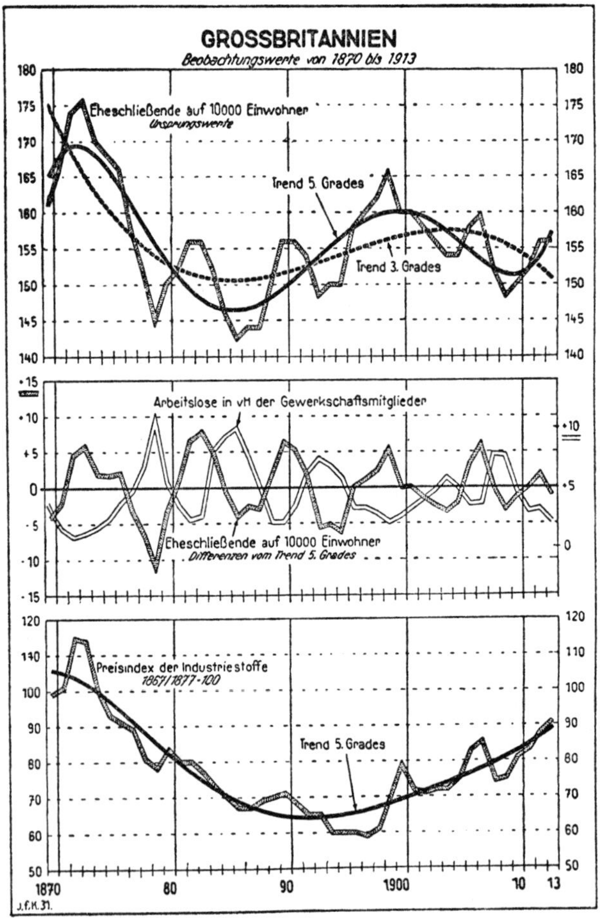

Bild 5

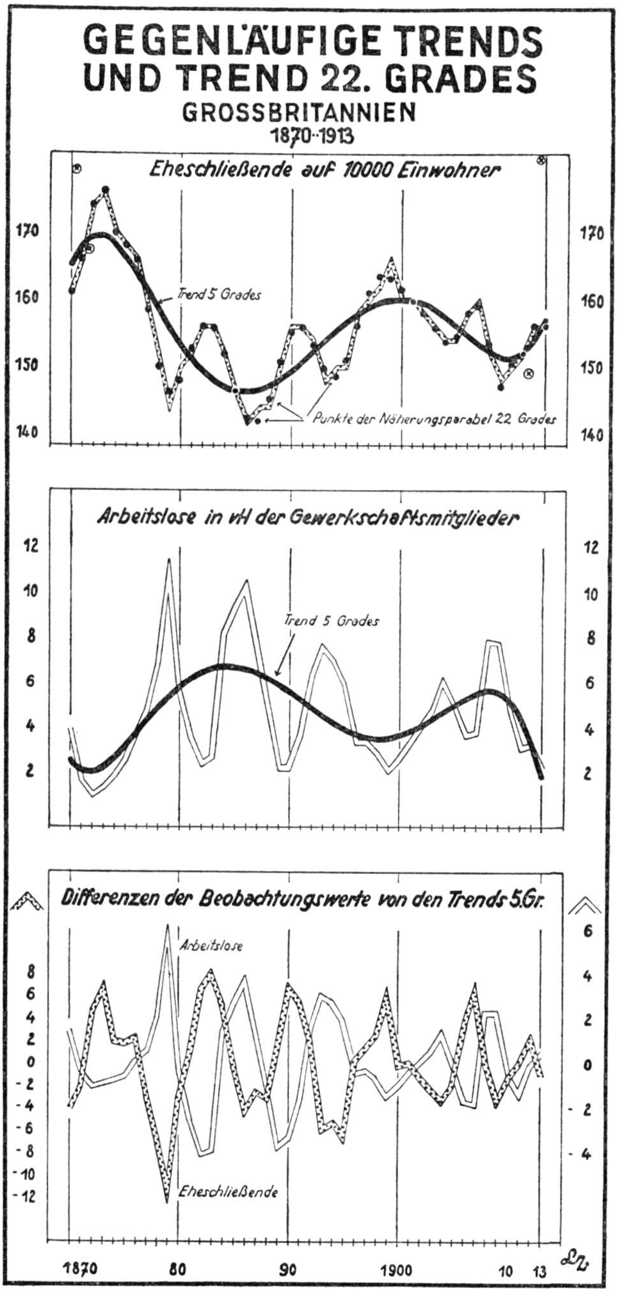
GEGENLÄUFIGE TRENDS
UND TREND 22. GRADES
GROSSBRITANNIEN
1870–1913
Eheschließende auf 10000 Einwohner
Trend 5 Grades
Punkte der Näherungsparabel 22. Grades
Arbeitslose in vH der Gewerkschaftsmitglieder
Trend 5 Grades
Differenzen der Beobachtungswerte von den Trends 5. Gr.
Arbeitslose
Eheschließende
1870
80
90
1900
10
13

Bild 6

Als weiteres interessantes Beispiel zum Problem der „langen Wellen“, len“ entnehme ich aus dem Buche „Struktur und Rhythmus der Weltwirtschaft“, von Ernst Wagemann, das Bild 7 und zitiere dazu aus diesem Buche, Seite 83:

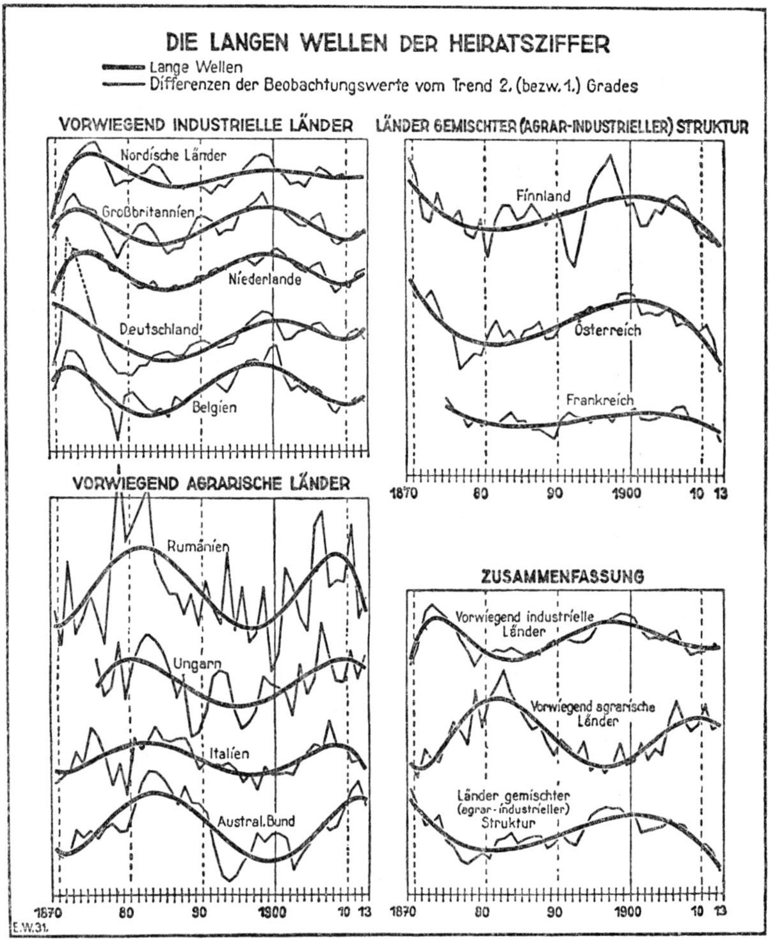

Bild 7

„Die untersuchten Länder gliedern sich nach der langen Welle der Heiratsziffer in folgende Gruppen:

1. Gruppe: die hochkapitalistischen, meist ganz vorwiegend industriellen Länder Belgien, Deutschland, England, Niederlande, Norwe-

gen, Schweden, Dänemark, wo die lange Welle der Eheschließungsziffer Anfang oder Mitte der 70er Jahre sowie um die Jahrhundertwende einen Gipfel erreichte.

2. Gruppe: die europäischen Agrarländer Italien, Rumänien, Ungarn und das neukapitalistische Agrarland Australien. Hier fällt der erste Gipfel in den Anfang der 80er Jahre, der zweite etwa um 1910.

Die lange Welle der Eheschließungen zeigt also in den Agrarländern eine Bewegung, die derjenigen der ausgesprochenen Industrieländer genau entgegengesetzt verläuft. Der Verlauf der langen Welle der Eheschließungen in Schweden und Dänemark charakterisiert diese Staaten zwar als im wesentlichen zur ersten Gruppe gehörig, jedoch bilden sie gewissermaßen den Übergang zu den ausgesprochenen Agrarländern.

3. Gruppe: Frankreich, Österreich und Finnland, die in ihrer agrarindustriellen Struktur und ihrer Intensitätsstufe die Mitte bilden, weisen auch hinsichtlich der langen Welle der Heiratsziffer eine mittlere Stellung auf. Bei allen drei Ländern fiel nämlich ein Tiefpunkt in den Anfang der 80er Jahre, ein Gipfel in die ersten Jahre nach 1900.

Die Deutung dieser Beziehungen ist freilich schwierig. Immerhin ist in hohem Grade bemrkenswert, daß die lange Welle der Eheschließungen eine klare Gegenbewegung zwischen Agrar- und Industrieländern aufweist. Freilich bleibt zu untersuchen, wie weit diese Gegenbewegung primär durch wirtschaftliche Ursachen bestimmt ist, und ob sie nicht vielleicht unmittelbar auf Vorgänge der Bevölkerungsveränderung zurückgeht. Bemerkenswert ist jedenfalls, daß ihre Länge eine gewisse Beziehung zum Heiratsalter aufweist; wenigstens gilt dies für die erste und zweite Gruppe. Die Untersuchung hierüber bedarf freilich noch der Vertiefung."

Ich füge dazu aus derselben Stelle Bemerkungen zu dem (von mir konstruierten) Bild 7: „Die glatten Kurven des Schaubilds stellen die langen Wellen der Ziffer der Eheschließenden in den einzelnen Ländern nach Ausschaltung des sogenannten secular trend dar. Beispielsweise ist die für die Niederlande gezeichnete lange Welle die Differenz zwischen dem Trend (der Näherungsparabel) fünften Grades der Heiratsziffer in den Niederlanden und dem Trend zweiten Grades. Die Ausschaltung des Trends zweiten Grades (durch Subtraktion aus demjenigen fünften Grades; die gezeichnete Kurve entspricht der Gleichung $y = a_3X_3 + a_4X_4 + a_5X_5$) rechtfertigt sich dadurch, daß der Trend zweiten Grades einer anderen Deutung fähig ist als der Trend fünften Grades. Er kann als Repräsentant einer über sehr lange Zeitspannen (länger als die Perioden der langen Welle) anhaltenden Wachstums- oder Schrumpfungstendenz gedeutet werden; das heißt nach seiner Ausschaltung aus dem Trend fünften Grades repräsentiert sich die lange Welle der betrachteten Erscheinung in reiner Form."

§ 6 Eigenschaften der Trendkonstanten a

Zum Verständnis der folgenden einfachen Herleitungen genügt die Kenntnis der Grundeigenschaften der orthogonalen ganzen rationalen Funktionen, nämlich

$$\sum_{-n}^{n} X_i(x) = 0 \qquad \text{für beliebiges } i$$

$$\sum_{-n}^{n} X_i(x) \cdot X_j(x) = 0 \qquad \text{für } i \neq j$$

$$\frac{1}{N} \sum_{-n}^{n} X_i^2(x) = 1 \qquad \text{für beliebiges } i$$

wobei die Summierungen nach dem Argument x zu erstrecken sind von $x = -n = -\frac{N-1}{2}$ bis $x = n = \frac{N-1}{2}$.

Die vorstehenden drei Gleichungen sind Definitionsgleichungen für die Funktion X. Man kann sie auch weniger umständlich wie folgt schreiben

$$\sum X_i X_j = 0$$

$$\sum X_i = 0 \qquad \text{für } i \neq j$$

$$\frac{1}{N} \sum X_i^2 = 1$$

Dazu treten die Definitionsgleichungen

$$a_0 = \frac{1}{N} \sum h$$

$$a_1 = \frac{1}{N} \sum h X_1$$

$$a_2 = \frac{1}{N} \sum h X_2$$

allgemein

$$a_i = \frac{1}{N} \sum h X_i$$

1. Es ist beispielsweise

$$\frac{1}{N}\Sigma y_2^2 = \frac{1}{N}\Sigma(a_0 + a_1 X_1 + a_2 X_2)^2 = a_0^2 + a_1^2 + a_2^2$$

und allgemein

$$\frac{1}{N}\Sigma y_g^2 = a_0^2 + a_1^2 + a_2^2 + \ldots + a_g^2$$

denn die Summen der doppelten Produkte verschwinden.

2. Aus

$$y_2 = a_0 + a_1 X_1 + a_2 X_2 \qquad \text{und}$$

$$y_3 = a_0 + a_1 X_1 + a_2 X_2 + a_3 X_3$$

folgt

$$y_3 - y_2 = a_3 X_3 \qquad \text{und}$$

$$\frac{1}{N}\ \Sigma (y_3 - y_2)^2 = a_3^2$$

Das heißt, die mittlere quadratische Abweichung der Näherungsparabel dritten Grades von der zweiten Grades ist gleich dem absoluten Werte von a_3, und entsprechend gilt

$$\frac{1}{N}\Sigma(y_k - y_{k-1})^2 = a_k^2$$

3. Das Quadrat der mittleren quadratischen Abweichung der Näherungsparabel k-ten Grades von derjenigen g-ten Grades ist

$$\frac{1}{N}\Sigma(y_k - y_g)^2 = \frac{1}{N}\Sigma(a_{g+1} X_{g+1} + a_{g+2} X_{g+2} + \ldots + a_k X_k)^2$$

$$= a_{g+1}^2 + a_{g+2}^2 + \ldots + a_k^2$$

4. Die mittlere quadratische Abweichung der anzunähernden Kurve von ihrer Näherungsparabel g-ten Grades heiße σ_g, so daß gilt

$$\sigma_g^2 = \frac{1}{N}\Sigma(h - y_g)^2$$

Beispielsweise ist dann

$$\sigma_1^2 = \frac{1}{N}\Sigma(h - a_0 - a_1 X_1)^2 = \frac{1}{N}\Sigma h^2 + a_0^2 + a_1^2 - 2\,a_0^2 - 2\,a_1^2 =$$

$$= \frac{1}{N}\Sigma h^2 - a_0^2 - a_1^2 \quad \text{und}$$

$$\sigma_2^2 = \frac{1}{N}\Sigma(h - a_0 - a_1 X_1 - a_2 X_2)^2$$

$$= \frac{1}{N}\Sigma h^2 + a_0^2 + a_1^2 + a_2^2 - 2\,a_0^2 - 2\,a_1^2 - 2\,a_2^2$$

$$= \frac{1}{N}\Sigma h^2 - a_0^2 - a_1^2 - a_2^2$$

Die Verallgemeinerung ist klar.

Die mittleren quadratischen Abweichungen σ_g hängen in einfacher Weise von $\frac{1}{N}\Sigma h^2$ und den Konstanten a ab und man sieht diesen unmittelbar an, ob eine Erhöhung des Grades der Näherungsparabel die Annäherung an die anzunähernde Kurve beachtlich verbessert oder nicht. In Verbindung mit sachlichen Erwägungen über den Zweck, zu welchem die Näherungsparabel berechnet wird, kann man danach über den zu wählenden Grad der Näherungsparabel entscheiden.

Für das Beispiel des § 5, Eheschließende in den Niederlanden ist

	$\frac{1}{N}\Sigma h^2 =$	22 489,23	
	$a_0^2 =$	22 418,17	
		71,06	
	$a_1^2 =$	13,37	
	$a_2^2 =$	26,99	
	$a_3^2 =$	4,82	
	$a_4^2 =$	3,02	
	$a_5^2 =$	18,46	
	$\sigma_5^2 =$	4,40	$\sigma_5 = 2{,}10$ die Berücksichtigung
von	$a_6^2 =$	0,05	bringt keine beachtliche Verbesserung
	$\sigma_6^2 =$	4,35	$\sigma_6 = 2{,}09$

§ 7 Korrelation

Es handelt sich hier, das heißt im Zusammenhange mit der Trendrechnung, um die Korrelation zwischen Zeitreihen und ihre Messung. Was damit gemeint ist, soll an dem Bild 8 erläutert werden. Dort sind im oberen Teile die folgenden Wirtschaftsdaten für die Zeit von 1889 bis 1913 dargestellt

1. die deutsche Roheisenerzeugung in 1 000 t
2. der deutsche Gesamtaußenhandel in Mark je Kopf
3. der Reichsbankdiskont in Prozent.

Solche Bilder fallen natürlich sehr verschieden aus, jenachdem welche Längeneinheiten man für die zeichnerische Darstellung der statistischen Daten wählt, insbesondere wenn die Maßeinheiten inkommensurabel sind, zum Beispiel Tonnen, Mark und Prozent. Gewisse Eigenschaften der Kurven aber werden bei jeder Darstellung zutage treten zum Beispiel eine mehr oder minder große Gleichartigkeit im Verlauf und zwar sowohl was den großen allgemeinen Zug wie auch was die kurzfristigen Schwankungen betrifft. Es gilt nun, diese Gleichläufigkeit (manchmal Gegenläufigkeit) von zwei Kurven durch eine Zahl zu messen. Dabei ist eigentlich ohne Rechnung klar, daß man die Betrachtung der Hauptverläufe von der Betrachtung der kurzfristigen Schwankungen wird trennen müssen, denn wollte man beide Bewegungselemente einer Kurve zusammengefaßt den zusammengefaßten Bewegungselementen einer andern Kurve gegenüberstellen, so würden dabei die kleineren, das heißt die kurzfristigen Schwankungen von den größeren, das heißt den Hauptverläufen bis zur Unkenntlichkeit unterdrückt werden. Um eine aussagefähige Maßzahl für die Gleich- oder Gegenläufigkeit der kurzfristigen Schwankungen zu erhalten, ist es notwendig, aus den statistischen Zahlen zunächst die Trends herauszunehmen.

Um mit bequemen, kommafreien Zahlen rechnen zu können, führen wir die folgenden Maßeinheiten ein:

Roheisenerzeugung E 10 000 t	Symbole ohne Strich
Außenhandel je Kopf H Zehntelmark	Symbole mit 1 Strich
Reichsbankdiskont D Hundertstelprozent	Symbole mit 2 Strichen

Die Zeichen y_2 und y'_2 symbolisieren die Trends zweiten Grads, das Zeichen y''_4 den Trend vierten Grads.

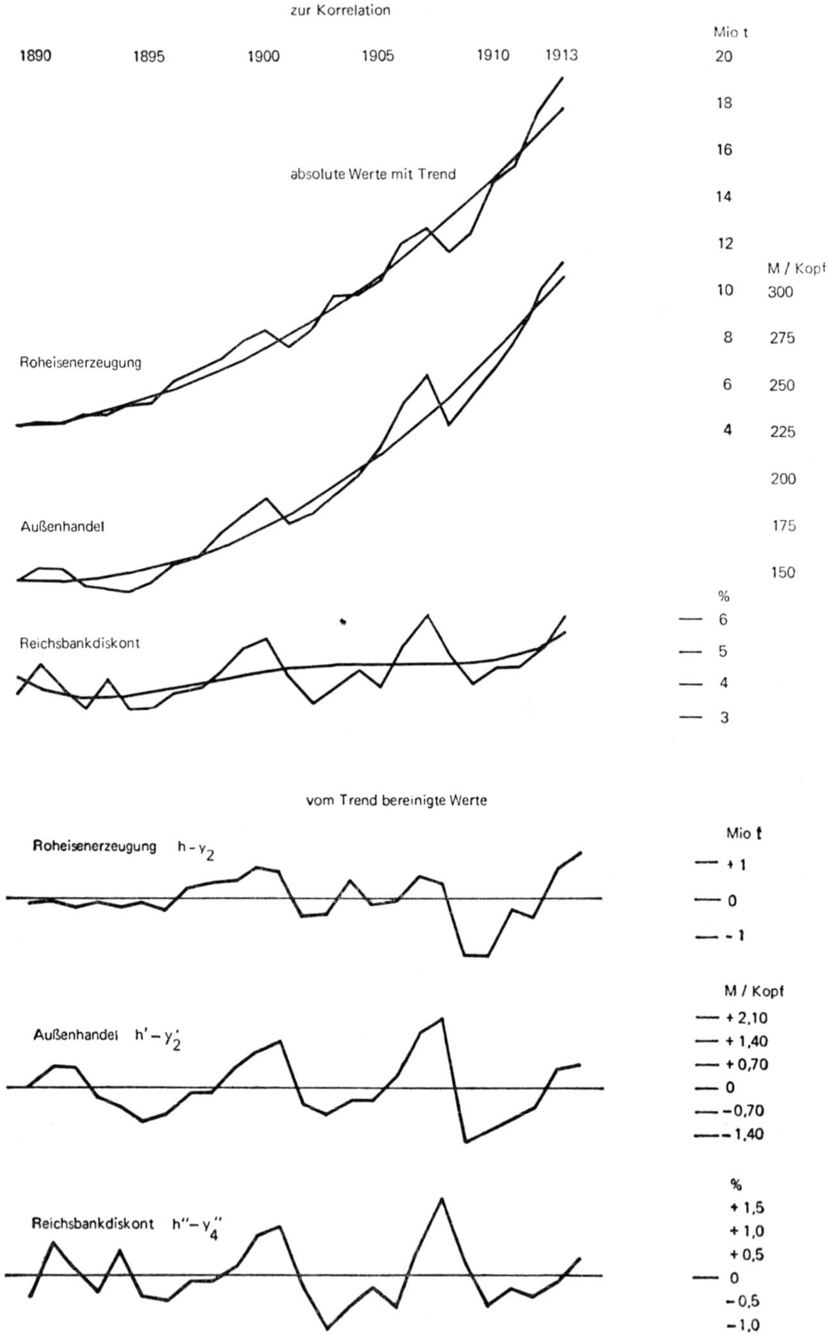
zur Korrelation
1890
1895
1900
1905
1910
1913
Mio t
20
18
16
14
12
10
8
6
4
M / Kopf
300
275
250
225
200
175
150
absolute Werte mit Trend
Roheisenerzeugung
Außenhandel
Reichsbankdiskont
%
6
5
4
3
vom Trend bereinigte Werte
Roheisenerzeugung h - y2
Mio t
+ 1
0
- 1
Außenhandel h' - y'2
M / Kopf
+ 2,10
+ 1,40
+ 0,70
0
-0,70
- 1,40
Reichsbankdiskont h'' - y''4
%
+ 1,5
+ 1,0
+ 0,5
0
-0,5
-1,0

Bild 8

Wie die Trendcharakteristiken zu berechnen sind, ist im Vorhergehenden ausführlich dargelegt worden. Ich kann mich daher hier mit einer Zusammenstellung der Ergebnisse begnügen.

	E	H	D	$N=25$
$\sum h$	23 635	50 245	10 648	
a_0	945,4	2 009,8	425,9	
$\sum hx$	72 901	87 745	7 873	

um die Werte a_1 zu erhalten, muß man mit 0,005547 multiplizieren; siehe Tabelle

	E	H		D	
a_1	404,4	486,7		43,7	
a_2	96,2	148,1		9,7	
a_3	26,9	− 5,2		− 2,6	
a_4	32,2	32,3		19,0	
$\frac{1}{N}\sum h^2$	1 070 618	4 306 900		187 216	+
a_0^2	893 781	4 039 296		181 391	−
a_1^2	163 539	236 877		1 910	−
a_2^2	9 254	21 934		94	−
σ_2^2	4 044	8 793		3 821	+
			$a_3''^2$	7	−
			$a_4''^2$	361	−
			$\sigma_4''^2$	3 453	
σ_2	63,59	93,77		61,81	
			σ_4''	58,76	

	$E \times H$		$E \times D$		$H \times D$	
$\frac{1}{N}\sum hh'$	2 115 568		423 405		882 708	+
$a_0\,a_0'$	1 900 254		402 268		855 255	−
$a_1\,a_1'$	196 943		17 591		21 184	−
$a_2\,a_2'$	14 238		933		1 436	−
	4 133	$a_3\,a_3''$	− 70	$a_3'\,a_3''$	13	−
		$a_4\,a_4''$	612	$a_4'\,a_4''$	608	−
			2 071		4 216	

		E			H			D		
Jahr	x	h	y_2	$h - y_2$	h'	y'_2	$h' - y'_2$	h''	y''_4	$h'' - y''_4$
1913	12	1 931	1 809	122	3 184	3 114	70	589	550	39
12	11	1 788	1 705	83	3 030	2 972	58	495	509	− 14
11	10	1 557	1 605	− 48	2 779	2 838	− 59	440	482	− 42
10	9	1 479	1 510	− 31	2 616	2 710	− 94	435	464	− 29
09	8	1 264	1 419	−155	2 458	2 588	−130	393	454	− 61
08	7	1 180	1 332	−152	2 307	2 472	−165	476	448	28
07	6	1 288	1 249	39	2 579	2 364	215	603	447	156
06	5	1 229	1 170	59	2 430	2 261	169	515	446	69
05	4	1 088	1 095	− 7	2 193	2 165	28	382	447	− 65
04	3	1 006	1 024	− 18	2 038	2 075	− 37	432	447	− 25
03	2	1 002	958	44	1 946	1 992	− 46	384	446	− 62
02	1	853	896	− 43	1 831	1 914	− 83	332	442	−110
01	0	788	838	− 50	1 790	1 844	− 54	410	437	− 27
1900	− 1	852	784	68	1 919	1 779	140	533	428	105
1899	− 2	814	734	80	1 830	1 722	108	504	418	86
98	− 3	731	688	43	1 730	1 670	60	427	407	20
97	− 4	688	647	41	1 609	1 625	− 16	381	393	− 12
96	− 5	637	609	28	1 569	1 586	− 17	366	380	− 14
95	− 6	546	576	− 30	1 469	1 554	− 85	314	369	− 55
94	− 7	538	547	− 9	1 423	1 527	−104	312	358	− 46
93	− 8	499	522	− 23	1 448	1 508	− 60	407	354	53
92	− 9	494	501	− 7	1 462	1 495	− 33	320	354	− 34
91	−10	464	484	− 20	1 550	1 488	62	378	364	14
90	−11	471	466	− 5	1 554	1 487	67	452	383	69
89	−12	463	453	− 10	1 501	1 494	7	368	416	− 48
S		23 635	23 636	− 1	50 245	50 244	1	10 648	10 643	5

Die Formeln für die Linearen Korrelationsmaße (Korrelations-Koeffizienten) werden in den Paragraphen 23 und 24 entwickelt. Wir übernehmen sie von dort

E und H
$$r_{22} = \frac{\frac{1}{N}\sum hh' - a_0 a_0' - a_1 a_1' - a_2 a_2'}{\sigma_2 \sigma_2'} = \frac{4\,133}{5\,963} = 0{,}693$$

E und D
$$r_{24} = \frac{\frac{1}{N}\sum hh'' - a_0 a_0'' - a_1 a_1'' - a_2 a_2'' - a_3 a_3'' - a_4 a_4''}{\sigma_2 \sigma_4''} = \frac{2\,071}{3\,737} = 0{,}554$$

H und D
$$r_{24} = \frac{\frac{1}{N}\sum h'h'' - a_0' a_0'' - a_1' a_1'' - a_2' a_2'' - a_3' a_3'' - a_4' a_4''}{\sigma_2' \sigma_4''} = \frac{4\,212}{5\,510} = 0{,}764$$

Man muß beachten, daß man, um die Größen r_{24} zu erhalten, auch für die Reihen, bei denen man sich mit einem Trend zweiten Grades begnügt hat, die Konstanten a bis zum 4. Grade berechnen muß. Es ist eine allgemeine Regel, daß der Trend höheren Grades dafür maßgebend ist, bis zu welchem Grade man die Konstanten a zu berechnen hat.

Ergebnis. Bei allen drei Paaren von Wirtschaftserscheinungen besteht zwischen den kurzfristigen Schwankungen positive Korrelation. Am stärksten ist sie zwischen Diskont und Außenhandel, am schwächsten zwischen Diskont und Roheisenerzeugung; vorsichtiger ausgedrückt: Sie hat damals bestanden.

§ 8 Regression zwischen den Schwankungen zweier Reihen um ihre Trends

Wir betrachten den Fall zweier empirischer Reihen $h_1, h_2, h_3 \ldots h_N$ und $h_1'\ h_2'\ h_3' \cdot\cdot\ h_N'$ mit den Trends y_g und $y'_{g'}$. Für jede seien die Differenzen zwischen den Beobachtungswerten und den entsprechenden Trendwerten berechnet. Sie sollen durch $d = h - y_g$ und $d' = h' - y'_{g'}$ symbolisiert werden. Es ist nun oft der Fall, daß zwischen den d und d' bis zu einem gewissen Grade Gleich- oder Gegenläufigkeit konstatiert werden kann. Wenn es Sinn hat anzunehmen, daß das eine Wirkung direkter oder indirekter Abhängigkeit (von teilweise identischen Ursachen) ist, kann es von Interesse sein, den Grad der Gleich- oder Gegenläufigkeit zahlenmäßig zu präzisieren, anders gesagt, den Grad der „Regression" und eine „Regressionsgleichung" zu ermitteln, etwa in der einfachsten Form

$$d \approx a_{12} + b_{12}\, d'$$

wobei der erste Index, also 1, sich auf die Reihe der d und der zweite, also 2, sich auf die Reihe der d' beziehen soll.

Bedient man sich zur Ermittlung der Konstanten a_{12} und b_{12} der Methode der kleinsten Quadratsumme, so kann man ansetzen

$$\Sigma\,(d - a_{12} - b_{12}\, d')^2 \qquad \text{Minium!}$$

woraus folgt

$$a_{12} = 0$$

$$b_{12} = \frac{\frac{1}{N}\Sigma\, hh' - a_0\, a_0' - a_1\, a_1' - \ldots - a_{g'}\, a_{g'}'}{\sigma_{g'}'^2} = r_{gg'}\,\frac{\sigma_g}{\sigma_{g'}'}$$

Dabei ist σ_g die mittlere quadratische Abweichung der Werte h von ihrem Trend y_g und $\sigma_{g'}'$ die mittlere quadratische Abweichung der Werte h' von ihrem Trend $y_{g'}'$. Das Symbol $r_{gg'}$ ist das lineare Korrelationsmaß (Korrelationskoeffizient) zwischen diesen Differenzen, kürzer gesagt zwischen den d und den d'. Das Symbol b_{12} führt den Namen Regressionskoeffizient, wobei der Index 1 sich auf die abhängigen Werte d bezieht und der Index 2 auf die unabhängigen d'.

Man beachte, daß der Zähler des Regressionskoeffizienten invariant ist gegen Vertauschung der Begriffe abhängig und unabhängig, während der Nenner aus den Werten der unabhängigen Reihe zu berechnen ist. Vertauscht man die Rollen, so erhält man

$$a_{21} = 0 \qquad b_{21} = r_{gg'}\,\frac{\sigma_{g'}'}{\sigma_g}$$

und es folgt noch

$$b_{12}\, b_{21} = r_{gg'}^2$$

Wie man sieht, ist zur Ermittlung der Regressionskoeffizienten weder die Auswertung der Näherungsparabeln noch die Berechnung der Abweichungen der empirischen Reihen von ihren Näherungsparabeln nötig.

Zur zahlenmäßigen Illustration wollen wir die Zahlen des Reichsbankdiskonts aus dem vorigen Paragraphen als unabhängige Veränderliche benutzen und die Zahlen des Außenhandels je Kopf als abhängige. Wir finden

$$b_{12} = 0{,}764 \cdot \frac{9\,377}{5\,876} = 1{,}219$$

und es gilt näherungsweise

$$(h' - y_2') \approx 1{,}219\,(h'' - y_4'')$$

Zur Bildung der Anschauung wird dem Leser empfohlen, die Rechnung zu machen.

Anmerkung:

Bestehen zwischen mehr als zwei empirischen Reihen erhebliche Korrelationen, so kann es von Interesse sein, sogenannte „totale" Regressionskoeffizienten und Regressionsgleichungen zu berechnen. Beispiel: Eine abhängige Variable d_1 und zwei unabhängige Variable d_2 und d_3. Man setzt dann an

$$d_1 \approx b_{12.3}\, d_2 + b_{13.2}\, d_3$$

und bestimmt die Konstanten b gemäß der Forderung

$$\Sigma\,(d_1 - b_{12.3}\, d_2 - b_{13.2}\, d_3)^2 \qquad \text{Minimum!}$$

Grundsätzliche Schwierigkeiten treten dabei nicht auf. Rechnet man mit Tischrechenmaschinen, so ist es vorteilhaft, sich die Zusammenhänge nutzbar zu machen, die zwischen den „einfachen" und den „totalen" Regressionskoeffizienten bestehen. Es ist jedoch vorteilhaft, sich bei mehrfachen Regressionen elektronischer Rechner zu bedienen.

§ 9 Darstellung statistischer Übersichten mit zwei Eingängen durch orthogonale ganze rationale Funktionen; Flächendarstellung*

Um die folgenden Entwicklungen möglichst anschaulich zu gestalten, werde ich sie an einem Zahlenbeispiel aus der Versicherungsmathematik erläutern. In der Sterblichkeitsmessung treten Verteilungen mit zwei Eingängen (Argumenten) auf zum Beispiel bei der Untersuchung der Sterblichkeit von Versicherten nach dem Lebensalter und der zurückgelegten Versicherungsdauer oder nach dem Lebensalter und dem Körpergewicht oder, bei Invaliden, nach dem Lebensalter und der

* Archiv für Math. Wirtschafts- und Sozialforschung VI (1940), Heft 2, Stuttgart und Berlin.

Dauer der bestehenden Invalidität. Besonders in dem letztgenannten Falle lassen sich die Zusammenhänge nicht durch Kurven und Flächen niederen Grades befriedigend darstellen; deshalb wähle ich einen solchen Stoff als Zahlenbeispiel.

Die Reichsversicherungsanstalt für Angestellte hat in dem Statistischen Sonderheft Nr. 6 vom Dezember 1937 das Ausscheiden der männlichen und der weiblichen Ruhegeldempfänger aus dem Ruhegeldgenuß durch Todesfall aufgrund ihrer Erfahrungen untersucht. Aus den in der Übersicht 4 des Sonderhefts zusammengestellten absoluten Zahlen der Lebenden und der Gestorbenen habe ich die nebenstehende Übersicht von Promillezahlen abgeleitet.

Dabei bedeutet zum Beispiel die Zahl 56 in der 6. Zeile und der 4. Spalte die Sterbehäufigkeit in ‰ je Jahr der im Alter von 44 Jahren invalide Gewordenen nach zweijähriger Invaliditätsdauer, also im Alter von 46 Jahren. Der Einfluß der Invalidität auf die Sterblichkeit ist von der Reichsversicherungsanstalt bis zur Invaliditätsdauer von 9 Jahren untersucht worden. Die Spalte $q^i_{(a)+10}$ der Übersicht 1 ist aus der Schlußkurve der Übersicht 4 des Sonderhefts abgeleitet.

Die gestellte Aufgabe ist, die Übersicht mittels der orthogonalen ganzen rationalen Funktionen X analytisch darzustellen oder gut anzunähern. Damit soll zugleich ein praktischer Zweck verfolgt werden, nämlich die Ausgleichung der Übersicht. Das bedarf jedoch einer gewissen Vorbereitung. Wie man sieht, zeigt der Lauf der Sterbehäufigkeiten an vielen Stellen große Sprünge, die nicht im Wesen des statistischen Materials begründet sind sondern in dessen Unzulänglichkeit. Es kann nicht Aufgabe der analytischen Darstellung sein, diese im Wesen der Materie nicht begründeten Sprünge mit darzustellen. Da die analytische Darstellung aber wegen der Kürze der Reihen und des hohen Grads der, in anbetracht der vielfachen Biegungen der Fläche zu wählenden, Funktion auch für unbegründete Sprünge der statistischen Zahlen empfindlich ist, müssen diese zunächst durch mechanische Ausgleichung gemildert werden.

Das ist wie folgt geschehen.

a) Die 4 Eckzahlen wurden unverändert gelassen.

b) Anstelle jeder im Innern der Übersicht 1 stehenden Zahl wurde das einfache arithmetische Mittel gesetzt, das sich ergab aus der Zahl selbst und der darüber, links, darunter und rechts stehenden Zahl.

c) Anstelle jeder an einem Rand stehenden Zahl B wurde das arithmetische Mittel aus der Zahl B, der Zahl A links (darüber) und der Zahl C rechts (darunter) gemäß der Formel $0{,}3\,A + 0{,}4\,B + 0{,}3\,C$ gesetzt.

Diese mechanische Glättung wurde einmal wiederholt. Das Ergebnis ist die Übersicht 2:

Übersicht 1 der Sterbehäufigkeiten

a	$\overset{i}{q}_{(a)}$	$\overset{i}{q}_{(a)+1}$	$\overset{i}{q}_{(a)+2}$	$\overset{i}{q}_{(a)+3}$	$\overset{i}{q}_{(a)+4}$	$\overset{i}{q}_{(a)+5}$	$\overset{i}{q}_{(a)+6}$	$\overset{i}{q}_{(b)+7}$	$\overset{i}{q}_{(a)+8}$	$\overset{i}{q}_{(a)+9}$	$\overset{i}{q}_{(a)+10}$	S'	$a + 10$
24	318	184	103	114	99	90	87	50	46	74	48	1 213	34
28	251	114	106	70	81	80	57	62	46	74	48	989	38
32	244	165	75	62	42	43	37	33	36	44	50	831	42
36	184	93	77	53	42	33	36	38	31	36	28	651	46
40	172	79	59	53	37	37	31	35	33	35	42	613	50
44	171	81	56	45	41	41	41	29	43	37	36	621	54
48	153	86	42	41	42	34	39	50	42	42	43	614	58
52	124	70	50	42	39	40	48	36	43	38	39	569	62
56	113	53	40	37	40	43	50	52	49	48	52	577	66
60	52	34	32	33	41	47	50	60	63	59	62	533	70
64	40	34	37	41	44	54	58	59	69	78	79	593	74
68	71	42	44	84	62	65	68	83	92	91	115	817	78
S	1 893	1 035	721	675	610	607	602	587	593	656	642	8 621	

Übersicht 2

$x =$	5	4	3	2	1	0	— 1	— 2	— 3	— 4	— 5	S
$2y$=11	318,00	214,54	144,07	107,40	99,72	90,00	76,23	63,68	57,55	54,20	48,00	1 273,39
9	271,43	172,94	114,36	84,24	77,20	69,60	60,48	53,62	50,64	52,88	46,68	1 054,07
7	231,46	149,38	92,12	71,08	55,44	50,12	45,80	40,92	42,96	44,16	43,34	866,77
5	200,38	124,88	82,04	56,00	46,40	39,48	37,00	35,76	35,52	38,60	39,16	735,22
3	179,41	110,22	67,80	52,16	41,96	38,16	35,24	35,76	35,36	36,28	38,01	670,36
1	163,86	100,06	63,64	47,36	46,72	38,24	38,60	37,00	38,88	38,46	38,67	646,49
— 1	148,47	92,46	57,84	45,16	40,56	40,12	39,92	42,20	40,40	40,94	41,08	629,15
— 3	127,87	80,64	52,92	42 40	40,52	41,44	44,04	43,72	44,88	42,46	44,88	605,77
— 5	100,43	65,20	45,36	39,88	40,80	44,08	47,52	50,32	50,24	51,06	52,90	587,79
— 7	73,75	48,46	38,60	39,84	42,64	47,72	52,64	57,00	60,40	62,10	66,38	589,53
— 9	62,47	44,04	42,68	47,20	52,06	54,36	60,36	66,76	72,44	78,52	87,61	668,50
— 11	71,00	58,44	57,17	63,63	66,92	68,33	72,50	80,66	89,51	100,60	115,00	843,76
S	1 948,53	1 261,26	858,60	696,35	645,94	621,65	610,33	607,40	618,78	640,26	661,71	9 170,81

Die Übersicht 2 soll nunmehr analytisch dargestellt werden.

Die analytische Darstellung

Wir gehen aus von einem Ausdruck der Form

$$z = a_0 + a_1 X_1(x) + a_2 X_2(x) + \dots \tag{1}$$

für jede Zeile, wobei das Argument x in unserem Beispiel immer die Werte

$$x = 5 \quad 4 \quad 3 \quad 2 \quad 1 \quad 0 \quad -1 \quad -2 \quad -3 \quad -4 \quad -5$$

durchläuft, weil die Zahl der Glieder in jeder Zeile gleich 11 ist, symbolisch $= M$.

Wir denken uns die Konstanten a für alle 12 Zeilen berechnet und geordnet, und erhalten eine Übersicht der folgenden Art

$$\begin{array}{ccccc}
a_0 & a_1 & a_2 & a_3 & \dots \\
a'_0 & a'_2 & a'_3 & a'_3 & \dots \\
a''_0 & a''_1 & a''_2 & a''_3 & \dots \\
\cdot & & & & \\
\cdot & & & & \\
\cdot & & & & \\
a^{XI}_0 & a^{XI}_1 & a^{XI}_2 & a^{XI}_3 & \dots
\end{array}$$

Nun kann man jede Reihe untereinander stehender Konstanten durch einen dem Ausdruck 1 ähnlichen Ausdruck approximieren, zum Beispiel die in der dritten Spalte stehenden durch

$$a_{20} + a_{21} Y_1(y) + a_{22} Y_2(y) + a_{23} Y_3(y) + \dots \tag{2}$$

Dabei sollen die Funktionen Y mit den im Grade gleichen X identisch sein. Nur der leichteren Beschreibung halber sind für die Spalten andere Symbole gewählt worden als für die Zeilen. Das Argument y durchläuft in unserem Beispiel für jede Spalte die Werte

$$2y = -11 \quad -9 \quad -7 \quad -5 \quad -3 \quad -1 \quad 1 \quad 3 \quad 5 \quad 7 \quad 9 \quad 11$$

denn die Zahl der Glieder ist in jeder Spalte 12, symbolisch N.

Die Gleichung für die Fläche lautet dann

$$\begin{aligned} z = & (a_{00} + a_{01}\,Y_1 + a_{02}\,Y_2 + \ldots) \\ & + (a_{10} + a_{11}\,Y_1 + a_{12}\,Y_2 + \ldots)\,X_1 \\ & + (a_{20} + a_{21}\,Y_1 + a_{22}\,Y_2 + \ldots)\,X_2 \\ & + \ldots \end{aligned}$$

wobei das Argument für alle Symbole X x ist und für alle Symbole Y y.

Hierauf wenden wir die Methode der kleinsten Quadratsumme an

$$\sum_y \sum_x (z - h)^2 \qquad \text{Minimum!}$$

differenzieren diese Summe partiell nach allen Konstanten a und setzen die Differentialquotienten gleich Null.

$$\frac{\partial}{\partial a_{ij}} \sum_y \sum_x (z - h)^2 = 2 \sum_y \sum_x (z - h)\, X_i\, Y_j = 0$$

folgt
$$\sum_y \sum_x z\, X_i\, Y_y = \sum \sum h\, X_i\, Y_2$$

Es ist beispielsweise

$$\begin{aligned} \sum_y \sum_x z\, X_1\, Y_2 = \sum_y \Big\{ \sum_x \big[& (a_{00} + a_{01}\,Y_1 + a_{02}\,Y_2 + \ldots) \\ & + (a_{10} + a_{11}\,Y_1 + a_{12}\,Y_2 + \ldots)\,X_1 \\ & + (a_{20} + a_{21}\,Y_1 + a_{22}\,Y_2 + \ldots)\,X_2 \\ & + \ldots \qquad \big] \cdot X_1 \Big\}\, Y_2 \\ = \sum_y \{ M\,(a_{10} + a_{11}\,Y_1 + a_{12}\,Y_2 + \ldots \}\, Y_2 = M\,N\,a_{12} \end{aligned}$$

folgt
$$a_{12} = \frac{1}{M\,N} \sum \sum h\, X_1\, Y_2$$

allgemein
$$a_{ij} = \frac{1}{M\,N} \sum \sum h\, X_i\, Y_j$$

Auch hier zeigt sich also wieder der große Vorteil des Arbeitens mit den Funktionen X, der darin besteht, daß die Konstanten nicht davon abhängen, für welche Grade der Darstellungsfunktionen man sich entscheidet. Ein weiterer sehr großer Vorteil besteht darin, daß der Weg nicht über ein System von zu lösenden Gleichungen mit vielen Unbekannten führt. Zum Beispiel würde bei einer Darstellung der Übersicht durch eine Fläche vierten Grades mittels Potenzen die Auflösung eines Systems von 15 Gleichungen mit 15 Unbekannten notwendig werden. Sie ist nicht nur langwierig sondern in den meisten Fällen unmöglich wegen der Empfindlichkeit des Systems gegen vorzeitige Rundungen der Zahlen. Man würde daher sehr bald, nach den ersten Eliminationen von Unbekannten, mit vielstelligen Zahlen rechnen müssen und zwar solchen, welche das Fassungsvermögen jeder Rechenmaschine übersteigen. Schließlich ändert eine nachträgliche Entscheidung für einen andern Grad der Näherungsfunktion alle oder viele der bereits berechneten Konstanten, so daß man die Arbeit von vorn beginnen müßte.

Man kann die Glieder der Funktion z anders anordnen als oben geschehen und zwar auf verschiedene Weisen, beispielsweise

$$\begin{aligned} z = a_{00} &+ a_{10} X_1 + a_{20} X_2 + a_{30} X_3 + a_{40} X_4 \\ & a_{01} Y_1 + a_{02} Y_2 + a_{03} Y_3 + a_{04} Y_4 \\ & a_{11} X_1 Y_1 + a_{12} X_1 Y_2 + a_{13} X_1 Y_3 \\ & a_{21} X_2 Y_1 + a_{22} X_2 Y_2 \\ & a_{31} X_3 Y_1 \end{aligned}$$

§ 10 Berechnung der Konstanten a mittels einer Tischrechenmaschine

Grundlage der Berechnung ist die Übersicht 2 des § 9. Um beispielsweise $a_{21} = \frac{1}{132} \Sigma h X_2 Y_1$ zu finden, könnte man wie folgt vorgehen (s. S. 52).

Man müßte also 132 Produkte bilden, diese addieren und die Summe durch 132 teilen. Man erkennt jedoch unmittelbar, daß man diese langweilige Arbeit auf mancherlei Art kürzen kann. Ich will eine davon beschreiben.

Wir benutzen die Eigenschaft der Funktionen, daß sie symmetrisch beziehungsweise zentrisch sind zum Ursprung des Koordinatensystems und legen die rechte Hälfte der Übersicht 2 des § 9 auf die linke Hälfte um, einmal indem wir aufeinander fallende Zahlen addieren, Übersicht 3, und einmal indem wir die umgeklappte Zahl von der stehen gebliebenen abziehen, § 11 Übersicht 6.

Klappe nun die untere Hälfte der Übersicht 3 additiv auf die obere Hälfte. Es entsteht die Übersicht 4, aus der man unmittelbar die Konstanten a_{00}, a_{20}, a_{40}, a_{02} und a_{04} berechnen kann sowie nach Multiplikation mit X_2 auch a_{22}.

$$318{,}00\ X_2\,(5)\ Y_1\left(\frac{11}{2}\right) \quad 214{,}54\ X_2\,(4)\ Y_1\left(\frac{11}{2}\right) \quad \ldots \quad 54{,}20\ X_2\,(-4)\ Y_1\left(\frac{11}{2}\right) \quad 48{,}00\ X_2\,(-5)\ Y_1\left(\frac{11}{2}\right)$$

$$271{,}43\ X_2\,(5)\ Y_1\left(\frac{9}{2}\right) \quad 172{,}94\ X_2\,(4)\ Y_1\left(\frac{9}{2}\right) \quad 52{,}88\ X_2\,(-4)\ Y_1\left(\frac{9}{2}\right) \quad 46{,}68\ X_2\,(-5)\ Y_1\left(\frac{9}{2}\right)$$

$$\vdots$$

$$62{,}47\ X_2\,(5)\ Y_1\left(\frac{-9}{2}\right) \quad 44{,}04\ X_2\,(4)\ Y_1\left(\frac{-9}{2}\right) \quad 78{,}52\ X_2\,(-4)\ Y_1\left(\frac{-9}{2}\right) \quad 87{,}61\ X_2\,(-5)\ Y_1\left(\frac{-9}{2}\right)$$

$$71{,}00\ X_2\,(5)\ Y_1\left(\frac{-11}{2}\right) \quad 58{,}44\ X_2\,(4)\ Y_1\left(\frac{-11}{2}\right) \quad 100{,}60\ X_2\,(-4)\ Y_1\left(\frac{-11}{2}\right) \quad 115{,}00\ X_2\,(-5)\ Y_1\left(\frac{-11}{2}\right)$$

Übersicht 3 (+)

	$x=5$	4	3	2	1	0	S'
2Y = 11	3 660	2 687	2 016	1 711	1 760	900	12 743
9	3 181	2 258	1 650	1 379	1 377	696	10 541
7	2 748	1 935	1 351	1 120	1 012	501	8 667
5	2 395	1 635	1 176	918	834	395	7 353
3	2 174	1 465	1 032	879	772	382	6 704
1	2 025	1 385	1 025	844	803	382	6 464
− 1	1 896	1 334	982	874	805	401	6 292
− 3	1 728	1 231	978	861	846	414	6 058
− 5	1 533	1 163	956	902	833	441	5 878
− 7	1 401	1 106	990	968	953	477	5 895
− 9	1 501	1 226	1 151	1 140	1 124	544	6 686
−11	1 860	1 590	1 467	1 443	1 394	683	8 437
S	26 102	19 015	14 774	13 039	12 563	6 216	91 709

Übersicht 4 (++)

	$x=5$	4	3	2	1	0	S'	$S'Y_2$	$S'Y_4$
$2y=11$	5 520	4 277	3 483	3 154	3 154	1 583	21 171	36 803	27 045
9	4 682	3 484	2 801	2 519	2 501	1 240	17 227	13 612	-18 005
7	4 149	3 041	2 341	2 088	1 965	978	14 562	460	-18 602
5	3 928	2 798	2 132	1 820	1 717	836	13 231	- 7 109	- 6 658
3	3 902	2 696	2 010	1 740	1 618	796	12 762	-11 698	5 928
1	3 921	2 619	2 007	1 718	1 608	783	12 756	-14 111	13 826
S	26 102	19 015	14 774	13 039	12 563	6 216	91 709	17 957	3 534
SX_2	44 332	12 918	- 1 673	- 8 858	- 12 802	- 7 038	26 879		
SX_4	30 714	- 22 375	- 17 385	- 2 557	9 855	7 314	5 566		

Um zu handlichen Zahlen zugelangen, teilen wir alle Ergebnisse durch 10.

$a_{00} = 9\,170{,}9 / 132 = 69{,}477$ $a_{20} = 2\,687{,}9 / 132 = 20{,}363$ $a_{40} = 556{,}6 / 132 = 4{,}217$

$a_{02} = 1\,795{,}7 / 132 = 13{,}604$ $a_{04} = 353{,}4 / 132 = 2{,}677$

Übersicht 4 (mal X_2 mal Y_2)

	$x=5$	4	3	2	1	0	S'	$S'Y_2$
$y = 11$	9 375	2 906	− 394	− 2 143	− 3 214	− 1 792	4 738	8 236
9	7 952	2 367	− 317	− 1 711	− 2 549	− 1 404	4 338	3 428
7	7 047	2 066	− 265	− 1 419	− 2 002	− 1 107	4 320	137
5	6 671	1 901	− 241	− 1 236	− 1 750	− 947	4 398	− 2 363
3	6 627	1 832	− 228	− 1 182	− 1 649	− 901	4 499	− 4 124
1	6 660	1 847	− 227	− 1 167	− 1 639	− 887	4 587	− 5 074
S	44 332	12 919	− 1 672	− 8 858	− 12 803	− 7 038	26 880	240

$a_{22} = 24{,}0 / 132 = 0{,}182$

Wir greifen auf die Übersicht 3 zurück, klappen wieder die untere Hälfte auf die obere aber ziehen jetzt die unteren Zahlen von den oberen ab. (Es ist zweckmäßig, die Übersichten 4 und 5 in e i n e m Rechengang zu berechnen.)

Übersicht 5 (+ −)

$x =$	5	4	3	2	1	0	S'	$S'Y_1$	$S'Y_3$
$y = 11$	1 800	1 097	549	268	366	217	4 297	6 846	6 846
9	1 680	1 032	499	239	253	152	3 855	5 025	− 585
7	1 347	829	361	152	59	24	2 772	2 811	− 2 811
5	862	472	220	16	− 49	− 46	1 475	1 068	− 1 780
3	446	234	54	18	− 74	− 32	646	281	− 593
1	129	51	43	− 30	− 2	− 19	172	5	− 58
S	6 264	3 715	1 726	663	553	296	13 217	16 056	1 046

$a_{01} = 1\,605{,}6 / 132 = 12{,}164$ $\qquad$ $a_{03} = 104{,}6 / 132 = 0{,}792$

Übersicht 5 (mal X_2 mal Y_1)

$x =$	5	4	3	2	1	0	S'	$S'Y_1$
$y = 11$	3 057	745	− 63	− 182	− 373	− 246	2 939	
9	2 853	701	− 57	− 162	− 258	− 172	2 905	
7	2 288	563	− 41	− 103	− 60	− 27	2 620	
5	1 464	321	− 25	− 11	50	52	1 861	
3	757	159	− 6	− 12	75	36	1 009	
1	219	35	− 5	20	2	22	293	
S	10 638	2 524	− 196	− 450	− 564	− 335	11 617	12 947

$a_{21} = 1\,294{,}7 / 132 = 9{,}808$

Übersicht 6 (−)

$x =$	5	4	3	2	1	S'
$y = 11$	2 700	1 603	868	437	235	5 843
9	2 248	1 201	637	306	167	4 559
7	1 881	1 052	492	302	96	3 823
5	1 612	863	465	202	94	3 236
3	1 414	739	324	164	67	2 708
1	1 252	616	248	104	31	2 251
− 1	1 074	515	174	30	6	1 799
− 3	830	382	80	− 13	− 35	1 244
− 5	475	141	− 49	− 104	− 67	396
− 7	74	− 136	− 218	− 172	− 100	− 552
− 9	− 251	− 345	− 298	− 196	− 83	− 1 173
− 11	− 440	− 422	− 323	− 170	− 56	− 1 411
S	12 869	6 209	2 400	890	355	22 723

Die Spalte $x = 0$ entfällt, weil $X_1(0) = X_3(0) = \ldots = 0$ ist.

Nun klappen wir die untere Hälfte der Übersicht 6 auf die obere und addieren die aufeinander fallenden Zahlen. Wir erhalten so die Übersicht 7.

Übersicht 7 (− +)

$x =$	5	4	3	2	1	S'
$y = 11$	2 260	1 181	545	267	179	4 432
9	1 997	856	339	110	84	3 386
7	1 955	916	274	130	− 4	3 271
5	2 087	1 004	416	98	27	3 632
3	2 244	1 121	404	151	32	3 952
1	2 326	1 131	422	134	37	4 050
S	12 869	6 209	2 400	890	355	22 723
SX_3	19 549	− 1 886	− 2 674	− 1 037	− 252	13 700

$a_{30} = 1\,370{,}0 / 132 = 10{,}379$

Übersicht 7 (mal X_1 mal Y_2)

$x =$	5	4	3	2	1	S'	$S'Y_2$
$y = 11$	3 573	1 494	517	169	57	5 810	10 100
9	3 158	1 083	322	70	27	4 660	3 682
7	3 091	1 159	260	82	– 1	4 591	145
5	3 300	1 270	395	62	9	5 036	– 2 706
3	3 548	1 418	383	96	10	5 455	– 5 000
1	3 678	1 431	400	85	12	5 606	– 6 202
S	20 348	7 855	2 277	564	114	31 158	19

$a_{10} = 3\,115{,}8 / 132 = 23{,}605$ $\qquad$ $a_{12} = 1{,}9 / 132 = 0{,}014$

Schließlich klappen wir die untere Hälfte der Übersicht 6 auf die obere Hälfte, bilden die Differenzen und erhalten die Übersicht 8. Es ist zweckmäßig, die Übersichten 7 und 8 in e i n e m Rechengang aus der Übersicht 6 abzuleiten.

Übersicht 8 (– –)

$x =$	5	4	3	2	1	S'
$y = 11$	3 140	2 025	1 191	607	291	7 254
9	2 499	1 546	935	502	250	5 732
7	1 807	1 188	710	474	196	4 375
5	1 137	722	514	306	161	2 840
3	584	357	244	177	102	1 464
1	178	101	74	74	25	452
S	9 345	5 939	3 668	2 140	1 025	22 117

Übersicht 8 (mal X_1 mal Y_1 und mal Y_3)

$x =$	5	4	3	2	1	S'	$S'Y_1$	$S'Y_3$
$y = 11$	4 965	2 561	1 130	384	92	9 132		
9	3 951	1 956	887	317	79	7 190		
7	2 857	1 503	674	300	62	5 396		
5	1 798	913	488	194	51	3 444		
3	923	452	231	112	32	1 750		
1	281	128	70	47	8	534		
S	14 775	7 513	3 480	1 354	324	27 446	32 725	2 095

$a_{11} = 3\,272{,}5 / 132 = 24{,}792$ $\qquad$ $a_{13} = 209{,}5 / 132 = 1{,}587$

Übersicht 8 (mal X_3 mal Y_1)

$x =$	5	4	3	2	1	S'	$S'Y_1$
$y = 11$	4 770	– 615	– 1 327	– 707	– 206	1 915	
9	3 796	– 970	– 1 041	– 585	– 177	1 523	
7	2 745	– 361	– 791	– 552	– 139	902	
5	1 727	– 219	– 573	– 356	– 114	465	
3	887	– 108	– 272	– 206	– 72	229	
1	270	– 31	– 82	– 86	– 18	53	
S	14 195	– 1 804	– 4 086	– 2 492	– 726	5 087	6 395

$a_{31} = 639{,}5 / 132 = 4{,}845$

Die Gleichung der Näherungsfläche lautet

$$\begin{aligned} z = 69{,}477 &+ 23{,}605\,X_1 + 20{,}363\,X_2 + 10{,}379\,X_3 + 4{,}217\,X_4 \\ &+ 12{,}164\,Y_1 + 13{,}604\,Y_2 + 0{,}792\,Y_3 + 2{,}677\,Y_4 \\ &+ 24{,}792\,X_1 Y_1 + 0{,}014\,X_1 Y_2 + 1{,}584\,X_1 Y_3 \\ &+ 9{,}808\,X_2 Y_1 + 0{,}182\,X_2 Y_2 \\ &+ 4{,}845\,X_3 Y_1 \end{aligned}$$

§ 11 Beurteilung der Güte der Annäherung

Bevor wir die Fläche berechnen, wollen wir ermitteln, ob die erreichte Annäherung an die empirischen Daten vernünftigen Ansprüchen genügt, und errechnen dazu die mittleren quadratischen Abweichungen von der Originalfläche für die Näherungsflächen nullten, ersten, zweiten, dritten und vierten Grades, symbolisiert durch die Zeichen $\sigma_0, \sigma_1, \sigma_2, \sigma_3, \sigma_4$. Es ist allgemein

$$\sigma^2 = \frac{1}{N \cdot M} \sum_y \sum_x \left(h_{xy} - z\right)^2 = \frac{1}{N \cdot M} \sum_y \sum_x \left(h_{xy}^2 - 2\, h_{xy}\, z + z^2\right) \quad \text{und}$$

(1)
$$\frac{1}{N\,M} \sum_y \sum_x z^2 = \frac{1}{N\,M} \sum_y \sum_x \left(a_{00} + a_{10}\, X_1 + a_{01}\, Y_1 + a_{20}\, X_2 + a_{02}\, Y_2 + {} + a_{11}\, X_1\, Y_1 + \ldots\right)^2$$

Die Quadrate bleiben stehen, die doppelten Produkte fallen heraus, entweder bei der Summierung nach x oder bei der nach y, so daß bleibt

$$a_{00}^2 + a_{10}^2 + a_{01}^2 + a_{20}^2 + a_{02}^2 + a_{11}^2 + \cdots$$

(2)
$$\frac{1}{N \cdot M} \sum_y \sum_x 2\, h_{xy}\, z = \frac{2}{N\,M} \sum_y \sum_x h_{xy} \left(a_{00} + a_{10} X_1 + a_{01} Y_1 + a_{20} X_2 + {} + a_{02} Y_2 + a_{11} X_1 Y_1 + \ldots\right)$$

$$= 2\left(a_{00}^2 + a_{10}^2 + a_{01}^2 + a_{20}^2 + a_{02}^2 + a_{11}^2 + \ldots\right)$$

mithin

$$\sigma^2 = \frac{1}{N\,M} \sum_y \sum_x h_{xy}^2 - a_{00}^2 - a_{10}^2 - a_{01}^2 - a_{20}^2 - a_{02}^2 - a_{11}^2 - a_{30}^2 - \cdots$$

$$\frac{1}{N\,M}\sum_y\sum_x h_{xy}^2 = 7\,019$$

$$a_{00}^2 = 4\,827 \qquad a_{00} = 69{,}477$$

$$\sigma_0^2 = 2\,192 \qquad \sigma_0 = 46{,}8$$

$$a_{10}^2 + a_{01}^2 = 705$$

$$\sigma_1^2 = 1\,487 \qquad \sigma_1 = 38{,}6$$

$$a_{20}^2 + a_{11}^2 + a_{02}^2 = 1\,214$$

$$\sigma_2^2 = 273 \qquad \sigma_2 = 16{,}5$$

$$a_{30}^2 + a_{21}^2 + a_{12}^2 + a_{03}^2 = 205$$

$$\sigma_3^2 = 68 \qquad \sigma_3 = 8{,}5$$

$$a_{40}^2 + a_{31}^2 + a_{22}^2 + a_{13}^2 + a_{04}^2 = 51$$

$$\sigma_4^2 = 17 \qquad \sigma_4 = 4{,}12$$

Da $\sigma_4/a_{00} = 4{,}12/69{,}477 = 0{,}059$ ist, kann man die Näherung der Fläche 4. Grades an die statistische Verteilung als gut bezeichnen. Es ist beachtlich, daß die Glieder 4. Grades die Güte der Näherung noch verdoppelt haben. Dagegen hat ein Versuch gezeigt, daß Erhöhung des Grads der Fläche auf den 5. Grad die Näherung nicht beachtlich verbessert.

§ 12 Die Auswertung der Gleichung vierten Grades

Wir schreiben die Gleichung dazu zunächst ein wenig anders.

$$\begin{aligned} z = (69{,}477 &+ 23{,}605\, X_1 + 20{,}363\, X_2 + 10{,}379\, X_3 + 4{,}217\, X_4) \\ &+ (12{,}164\, Y_1 + 13{,}604\, Y_2 + 0{,}792\, Y_3 + 2{,}677\, Y_4) \\ &+ X_1\,(24{,}792\, Y_1 + 0{,}014\, Y_2 + 1{,}587\, Y_3) \\ &+ X_2\,(9{,}808\, Y_1 + 0{,}182\, Y_2) \\ &+ 4{,}845\, X_3\, Y_1 \end{aligned}$$

und weiter, indem wir die Identitäten

$$X_1\,(x) = 0{,}3162278\, x \qquad \text{und} \qquad Y_1\,(y) = 0{,}1448414\, y$$

benutzen

$$\begin{aligned} z = (69{,}477) &+ 7{,}4645\, x + 20{,}363\, X_2 + 10{,}379\, X_3 + 4{,}217\, X_4) &&= && \text{I} \\ &+ (1{,}7619\, y + 13{,}604\, Y_2 + 0{,}792\, Y_3 + 2{,}677\, Y_4) &&= && \text{II} \\ &+ x \cdot (1{,}1355\, y + 0{,}0044\, Y_2 + 0{,}5019\, Y_3) &&= x && \text{III} \\ &+ X_2\,(1{,}4206\, y + 0{,}182\, Y_2) &&= X_2 && \text{IV} \\ &+ X_3\,(0{,}7018\, y) &&= X_3 && \text{V} \end{aligned}$$

Es folgen zunächst die Berechnungen der Klammerinhalte.

I

$x =$	5	4	3	2	1	0	− 1	− 2	− 3	− 4	− 5	S'
$69{,}477 + 7{,}4645\,x$	106,800	99,335	91,870	84,406	76,942	69,477	62,012	54,548	47,084	39,619	32,154	764,247
$+20{,}363 X_2$	+ 34,585	+ 13,834	− 2,306	− 13,834	− 20,751	− 23,057	− 20,751	− 13,834	− 2,306	+ 13,834	+ 34,585	−0,001
$+10{,}379 X_3$	+ 15,767	− 3,153	− 11,562	− 12,088	− 7,358	0	+ 7,358	+ 12,088	+ 11,562	+ 3,153	− 15,767	+0,000
$+\ 4{,}217 X_4$	+ 4,962	− 4,962	− 4,962	− 0,827	+ 3,308	+ 4,962	+ 3,308	− 0,827	− 4,962	− 4,962	+ 4,962	+0,000
S	162,114	105,054	73,040	57,657	52 141	51,382	51,927	51,975	51,378	51,644	55,934	764,246

Diese weiter zu verwendenden Werte von S hängen nur von dem Argument x ab.

y	II: $1{,}7619\,y$	$+\,13{,}604\,Y_2$	$+\,0{,}792\,Y_3$	$+\,2{,}677\,Y_4$		II	III: $1{,}1355\,y$	$+\,0{,}0044\,Y_2$	$+\,0{,}5019\,Y_3$	=	III	IV: $1{,}4206\,y$	$+\,0{,}182\,Y_2$	=	IV	V: $0{,}7018\,y$
11	19,381	+ 23,649	+ 1,262	+ 3,420	=	47,712	12,490	+ 0,008	+ 0,800	=	13,298	15,627	+ 0,316	=	15,943	7,720
9	15,857	+ 10,749	− 0,115	− 2,798	=	23,692	10,220	+ 3	− 73	=	10,150	12,785	+ 144	=	12,929	6,316
7	12,333	+ 0,430	− 0,803	− 3,420	=	8,540	7,948	+ 0	− 509	=	7,439	9,944	+ 6	=	9,950	4,913
5	8,810	− 7,310	− 0,956	− 1,347	=	− 0,803	5,678	− 2	− 606	=	5,070	7,103	− 98	=	7,005	3,509
3	5,286	− 12,469	− 0,727	+ 1,244	=	− 6,666	3,406	− 4	− 460	=	2,942	4,262	− 167	=	4,095	2,105
1	1,762	− 15,049	− 0,268	+ 2,902	=	−10,653	1,136	− 5	− 170	=	0,961	1,421	− 201	=	1,220	0,702
− 1	− 1,762	− 15,049	+ 0,268	+ 2,902	=	−13,641	− 1,136	− 5	+ 170	=	− 0,971	− 1,421	− 201	=	− 1,622	−0,702
− 3	− 5,286	− 12,469	+ 0,727	+ 1,244	=	−15,784	− 3,406	− 4	+ 460	=	− 2,950	− 4,266	− 167	=	− 4,429	−2,105
− 5	− 8,810	− 7,310	+ 0,956	− 1,347	=	−16,511	− 0,678	− 2	+ 606	=	− 5,074	− 7,103	− 98	=	− 7,201	−3,509
− 7	−12,333	+ 0,430	+ 0,803	− 3,420	=	−14,520	− 7,948	+ 0	+ 509	=	− 7,439	− 9,944	+ 6	=	− 9,938	−4,913
− 9	−15,857	+ 10,749	+ 0,115	− 2,798	=	− 7,791	−10,220	+ 3	+ 73	=	−10,144	−12,785	+ 144	=	−12,641	−6,316
−11	−19,381	+ 23,649	− 1,262	+ 3,420	=	6,426	−12,490	+ 0,008	− 0,800	=	−13,282	−15,627	+ 0,316	=	−15,311	−7,720
S	0	+ 0	+ 0	+ 2	=	2	0	+ 0	+ 0	=	0	0	0		0	0

Die weiter zu verwendenden Werte von S' hängen nur von dem Argument y ab.

Zusammensetzung A = I + II

y	$x =$	5	4	3	2	1	0	−1	−2	−3	−4	−5
	I	162,11	105,05	73,04	57,66	52,14	51,38	51,93	51,98	51,38	51,64	55,93
	II						I + II					
11	47,71	209,83	152,76	120,75	105,37	99,85	99,09	99,64	99,69	99,09	99,35	103,64
9	23,69	185,80	128,74	96,73	81,35	75,83	75,07	75,62	75,67	75,07	75,33	79,62
7	8,54	170,65	113,59	81,58	66,20	60,68	59,92	60,47	60,52	59,92	60,18	64,47
5	− 0,80	161,31	104,25	72,24	56,86	51,34	50,58	51,13	51,18	50,58	50,84	55,13
3	− 6,67	155,44	98,38	66,37	50,99	45,47	44,71	45,26	45,31	44,71	44,97	49,26
1	−10,65	151,46	94,40	62,39	47,01	41,49	40,73	41,28	41,33	40,73	40,99	45,28
− 1	−13,64	148,47	91,41	59,40	44,02	38,50	37,74	38,29	38,34	37,74	38,00	42,29
− 3	−15,78	146,33	89,27	57,26	41,88	36,36	35,60	36,15	36,20	35,60	35,86	40,15
− 5	−16,51	145,60	88,54	56,53	41,15	35,63	34,87	35,42	35,47	34,87	35,13	39,42
− 7	−14,52	147,59	90,53	58,52	43,14	37,62	36,86	37,41	37,46	36,86	37,12	41,41
− 9	− 7,79	154,32	97,26	65,25	49,87	44,35	43,59	44,14	44,19	43,59	43,85	48,14
−11	6,43	168,54	111,48	79,47	64,09	58,57	57,81	58,36	58,41	57,81	58,07	62,36

Zusammenstellung B

y	III / IV / V											
		III · x / V · X_2 / IV · X_3 / zusammen										
	$x =$	5	4	3	2	1	0	−1	−2	−3	−4	−5
11	13,298	66,49	53,14	39,89	26,60	13,30	0,00	−13,30	−26,60	−39,89	−53,19	−66,49
	15,943	27,08	10,83	− 1,81	−10,83	−16,25	−18,05	−16,25	−10,83	− 1,81	10,83	27,08
	7,720	11,73	− 2,35	− 8,60	− 8,99	− 5,47	0	5,47	8,99	8,60	2,35	−11,73
		105,30	61,62	29,48	6,78	− 8,42	−18,05	−24,08	−28,44	−33,10	−40,01	−51,14
9	10,150	50,75	40,60	30,45	20,30	10,15	0	−10,15	−20,30	−30,45	−40,60	−50,75
	12,929	21,96	8,78	− 1,46	− 8,78	−13,18	−14,64	−13,18	− 8,78	− 1,46	8,78	21,96
	6,316	9,59	− 1,92	− 7,04	− 7,36	− 4,48	0	4,48	7,36	7,04	1,92	− 9,59
		82,30	47,46	21,95	4,16	− 7,51	−14,64	−18,85	−21,72	−24,88	−29,90	−38,38
7	7,439	37,20	29,76	22,32	14,88	7,44	0	− 7,44	−14,88	−22,32	−29,76	−37,20
	9,950	16,90	6,76	− 1,13	− 6,76	−10,14	−11,27	−10,14	− 6,76	− 1,13	6,76	16,90
	4,913	7,46	− 1,49	− 5,47	− 5,72	− 3,48	0	3,48	5,72	5,47	1,49	− 7,46
		61,56	35,03	15,72	2,40	− 6,18	−11,27	−14,10	−15,92	−17,98	−21,51	−27,76
5	5,070	25,25	20,28	15,21	10,14	5,07	0	− 5,07	−10,14	−15,21	−20,28	−25,35
	7,005	11,90	4,76	− 0,79	− 4,76	− 7,14	− 7,93	− 7,14	− 4,76	− 0,79	4,76	11,90
	3,509	5,33	− 1,07	− 3,91	− 4,09	− 2,49	0	2,49	4,09	3,91	1,07	− 5,33
		42,58	23,97	10,51	1,29	− 4,56	− 7,93	− 9,72	−10,81	−12,09	−14,45	−18,78
3	2,942	14,71	11,77	8,83	5,88	2,94	0	− 2,94	− 5,88	− 8,83	−11,77	−14,71
	4,095	6,96	2,78	− 0,46	− 2,78	− 4,17	− 4,64	− 4,17	− 2,78	− 0,46	2,78	6,96
	2,105	3,20	− 0,64	− 2,34	− 2,45	− 1,49	0	1,49	2,45	2,34	0,64	− 3,20
		24,87	13,91	6,03	0,65	− 2,72	− 4,64	− 5,62	− 6,21	− 6,95	− 8,35	−10,95
1	0,961	4,80	3,84	2,88	1,92	0,96	0	− 0,96	− 1,92	− 2,88	− 3,84	− 4,80
	1,220	2,07	0,83	− 0,14	− 0,83	− 1,24	− 1,38	− 1,24	− 0,83	− 0,14	0,83	2,07
	0,702	1,07	− 0,21	− 0,78	− 0,82	− 0,50	0	0,50	0,82	0,78	0,21	− 1,07
		7,94	4,46	1,96	0,27	− 0,78	− 1,38	− 1,70	− 1,93	− 2,24	− 2,80	− 3,80

− 1	− 0,971	− 4,86	− 3,88	− 2,91	− 1,94	− 0,97	0	0,97	1,94	2,91	3,88	4,86
	− 1,622	− 2,75	− 1,10	0,18	1,10	1,65	1,84	1,65	1,10	0,18	− 1,10	− 2,75
	− 0,702	− 1,07	0,21	0,78	0,82	0,50	0	− 0,50	− 0,82	− 0,78	− 0,21	1,07
		− 8,68	− 4,77	− 1,95	− 0,02	1,18	1,84	2,12	2,22	2,31	2,57	3,18
− 3	− 2,950	− 14,75	−11,80	− 8,85	− 5,90	− 2,95	0	2,95	5,90	8,85	11,80	14,75
	− 4,429	− 7,52	− 3,01	0,50	3,01	4,51	5,01	4,51	3,01	0,50	− 3,01	− 7,25
	− 2,105	− 3,20	0,64	2,34	2,45	1,49	0	− 1,49	− 2,45	− 2,34	− 0,64	3,20
		− 25,47	−14,17	− 6,01	− 0,44	3,05	5,01	5,97	6,46	7,01	8,15	10,70
− 5	− 5,074	− 25,37	−20,30	−15,22	−10,15	− 5,07	0	5,07	10,15	15,22	20,30	25,37
	− 7,201	− 12,23	− 4,89	0,82	4,89	7,34	8,15	7,34	4,89	0,82	− 4,89	−12,23
	− 3,509	− 5,33	1,07	3,91	4,09	2,49	0,	− 2,49	− 4,09	− 3,91	− 1,07	5,33
		− 42,93	−24,12	−10,49	− 1,17	4,76	8,15	9,92	10,95	12,13	14,34	18,47
− 7	− 7,439	− 37,20	−29,76	−22,32	−14,88	− 7,44	0	7,44	14,88	22,32	29,76	37,20
	− 9,938	− 16,88	− 6,75	1,13	6,75	10,13	11,25	10,13	6,75	1,13	− 6,75	−16,88
	− 4,913	− 7,46	1,49	5,47	5,72	3,48	0	− 3,48	− 5,72	− 5,47	− 1,49	7,46
		− 61,54	−35,02	−15,72	− 2,41	6,17	11,25	14,09	15,91	17,98	21,52	27,78
− 9	−10,144	− 50,72	−40,58	−30,43	−20,29	−10,14	0	10,14	20,29	30,43	40,58	50,72
	−12,641	− 21,47	− 8,59	1,43	8,59	12,88	14,31	12,88	8,59	1,43	− 8,59	−21,47
	− 6,316	− 9,59	1,92	7,04	7,36	4,48	0	− 4,48	− 7,36	− 7,04	− 1,92	9,59
		− 81,78	−47,25	−21,86	− 4,34	7,22	14,31	18,54	21,52	24,82	30,07	38,84
−11	−13,282	− 66,41	−53,13	−39,85	−26,56	−13,28	0	13,28	26,56	39,85	53,13	66,41
	−15,311	− 26,00	−10,40	1,73	10,40	15,60	17,34	15,60	10,40	1,73	−10,40	−26,00
	− 7,720	− 11,73	2,35	8,60	8,99	5,47	0	− 5,47	− 8,99	− 8,60	− 2,35	11,73
		−104,14	−61,18	−29,52	− 7,37	7,79	17,34	23,41	27,97	32,98	40,38	52,14

Die Ausgleichungsfläche 4. Grades in Zahlen, A + B

$x =$	5	4	3	2	1	0	−1	−2	−3	−4	−5	α
$y =$ 11	315,1	214,4	150,2	112,2	91,4	81,0	75,6	71,2	66,0	59,3	52,5	24
9	268,1	176,2	118,7	85,5	68,3	60,4	56,8	54,0	50,2	45,4	41,2	28
7	232,2	148,6	97,3	68,6	54,5	48,6	46,4	44,6	41,9	38,7	36,7	32
5	203,9	128,2	82,8	58,2	46,8	42,6	41,4	40,4	38,5	36,4	36,4	36
3	180,3	112,3	72,4	51,6	42,8	40,1	39,6	39,1	37,8	36,6	38,3	40
1	159,4	98,9	64,4	47,3	40,7	39,4	39,6	39,4	38,5	38,2	41,5	44
−1	139,8	86,6	57,4	44,0	39,7	39,6	40,4	40,6	40,0	40,6	45,5	48
−3	120,9	75,1	51,2	41,4	39,4	40,6	42,1	42,7	42,6	44,0	50,8	52
−5	102,7	64,4	46,0	40,0	40,4	43,0	45,3	46,4	47,0	49,5	57,9	56
−7	86,0	55,5	42,8	40,7	43,8	48,1	51,5	53,4	54,8	58,6	69,2	60
−9	72,5	50,0	43,4	45,5	51,6	57,9	62,7	65,7	68,4	73,9	87,0	64
−11	64,4	50,3	50,0	56,7	66,4	75,2	81,8	86,4	90,8	98,4	114,5	68
i	0	1	2	3	4	5	6	7	8	9	10	

Die Ergebnisse sind einjährige Sterbewahrscheinlichkeiten von Invaliden in Promille. Zum Beispiel bedeutet die erste Zahl 315,1, daß die Wahrscheinlichkeit für einen soeben invalide gewordenen 24jährigen, im nächsten Jahre zu sterben, 0,3151 ist. Die in der Zeile 40 und der Spalte 4 stehende Zahl 42,8 ist das Tausendfache der Wahrscheinlichkeit im nächsten Jahre zu sterben für einen 40jährigen, der vor 4 Jahren invalide geworden ist.

Die Fläche ist im Bild 9 in Parallelperspektive dargestellt. Sie eignet sich dank ihrem überall glatten Verlauf zur Konstruktion von Tarifen für die Invaliditätsversicherung, die dann weiterer Ausgleichung nicht bedürfen.

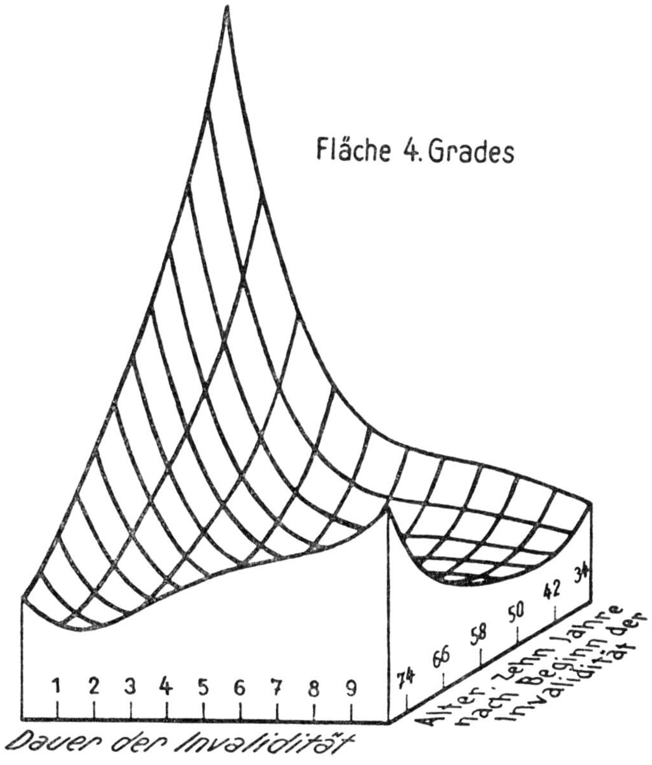

Sterblichkeit der Invaliden nach Erfahrungen der Reichsversicherungsanstalt für Angestellte (Statistisches Sonderheft 6, Berlin 1937).

Bild 9: Die Fläche im Bild

Die gezeigte Art der Ausgleichung der statistischen Zahlen in einem Zuge hat erhebliche Vorzüge vor der in methodischer Hinsicht unbefriedigenden Ausgleichung zuerst in der einen Richtung und dann in der andern.

Im zweiten Teile dieses Buchs wird gezeigt, wie die Ausgleichung mittels einer elektronischen Rechenanlage durchgeführt werden kann.

Zweiter Abschnitt

§ 13 Definition der orthogonalen ganzen rationalen Funktionen X durch eine Determinante

Aus der $(g+1)$fach unendlichen Schar von ganzen rationalen Funktionen

$$c_0 + c_1 x + c_2 x^2 + \,..\, + c_g x^g$$

wählen wir für die weitere Betrachtung die $g$fach unendliche Schar, in welcher der Koeffizient des höchsten Glieds einen bestimmten festen Wert $c_g > 0$ hat. Aus dieser Mannigfaltigkeit wählen wir diejenige Funktion, welche für eine willkürliche aber bestimmte Folge der Argumente x die folgende Minimalbedingung erfüllt

$$\Sigma\,(c_0 + c_1 x + c_2 x^2 + \,..\, + c_g x^g)^2 \quad \text{Minimum!}$$

Durch partielle Differentation nach $c_0\; c_1\; c_2 \,..\, c_{g-1}$ folgt

$$\begin{aligned}
&c_0 \Sigma x^0 + c_1 \Sigma x^1 + c_2 \Sigma x^2 + \,..\, + c_g \Sigma x^g = 0\\
&c_0 \Sigma x^1 + c_1 \Sigma x^2 + c_2 \Sigma x^3 + \,..\, + c_g \Sigma x^{g+1} = 0\\
&\cdot\\
&\cdot\\
&c_0 \Sigma x^{g-1} + c_1 \Sigma x^g + c_2 \Sigma x^{g+1} + \,..\, + c_g \Sigma x^{2g-1} = 0
\end{aligned}$$

Nach einem bekannten Satz aus dem Calcul der Determinanten folgt, daß sich die Unbekannten $c_0, c_1, c_2 \ldots c_g$ zu einander verhalten wie die Hauptdeterminanten der Matrix

$$\begin{bmatrix}
\Sigma x^0 & \Sigma x^1 & \Sigma x^2 & .. \Sigma x^g\\
\Sigma x^1 & \Sigma x^2 & \Sigma x^3 & .. \Sigma x^{g+1}\\
\cdot & & & \\
\cdot & & & \\
\Sigma x^{g-1} & \Sigma x^g & \Sigma x^{g+1} & .. \Sigma x^{2g-1}
\end{bmatrix}$$

Mithin kann die ausgewählte Funktion wie folgt geschrieben werden

$$X_g(x) = \begin{vmatrix} x^0 & x^1 & x^2 & .. & x^g \\ \Sigma x^0 & \Sigma x^1 & \Sigma x^2 & & \Sigma x^g \\ \Sigma x^1 & \Sigma x^2 & \Sigma x^3 & & \Sigma x^{g+1} \\ . & & & & \\ . & & & & \\ \Sigma x^{g-1} & \Sigma x^g & \Sigma x^{g+1} & & \Sigma x^{2g-1} \end{vmatrix} \text{ mal Konstante}$$

Wir bezeichnen die Funktion mit X_g, behalten uns aber vor, über die Konstante noch zu verfügen.

Die Funktionen dieses Funktionensystems haben außer der zuerst genannten Minimaleigenschaft die folgenden Eigenschaften.

1. Es ist $\Sigma X_g = 0$. Beweis: Bei Summierung nach x wird die erste Zeile der Determinante gleich der zweiten.

2. Es ist

$$\Sigma X_g x = \Sigma X_g x^2 = .. = \Sigma X_g x^{g-1} = 0$$

folglich auch

$$\Sigma X_g X_h = 0 \quad \text{für} \quad h < g$$

3. Da die Rollen von g und h vertauschbar sind, folgt allgemein

$$\Sigma X_g X_h = 0 \quad \text{für} \quad g \neq h \; .$$

4. Für $g = h$ ist

$$\Sigma X_g X_h = \Sigma X_g^2 \neq 0$$

Die Konstante, mit welcher die Determinante zu multiplizieren ist, wird später so bestimmt, daß $\frac{1}{N} \Sigma X_g^2 = 1$ wird, für jedes g.

Die Darstellung der Funktionen X durch Determinanten ist unhandlich. Um mit ihnen bequem rechnen zu können, ist notwendig, sie umzuformen.

§ 14 Umformung der Determinante

Für viele Rechnungen insbesondere der statistischen Wirtschaftsforschung ist es vorteilhaft, besondere Formeln für die geraden und die ungeraden Funktionen zu besitzen. Ich habe solche Formeln als Mathematiker des Deutschen Instituts für Konjunkturforschung entwickelt und in den „Sonderheften 9 und 21 der „Vierteljahreshefte zur Konjunkturforschung“ (1928 und 1931) veröffentlicht, bringe hier aber eine teilweise neue Herleitung.

Wir beschränken uns auf den bei Wirtschaftskurven häufigsten Fall äquidistanter Beobachtungen, für welchen sich die Rechnungen besonders einfach gestalten, und scheiden durchgehend die Fälle, wo die Zahl N der Glieder der empirischen Reihe ungerade ist, von denen, wo sie gerade ist, ordnen aber in allen Fällen der Mitte des Intervalls den Wert $x = 0$ zu. Die Werte sind zum Beispiel

bei	$N = 7$	für	x	-3	-2	-1	0	1	2	3
bei	$N = 8$	für	$2x$	-7	-5	-3	-1	1	3	5	7

Die äußersten Werte für x sind mithin $\mp \frac{N-1}{2}$.

Zufolge dieser Festsetzung verschwinden die Summen der ungeraden Potenzen von x und man kann zum Beispiel die Determinante für den siebenten Grad nach Vertauschung gewisser Kolonnen und Zeilen wie folgt schreiben.

$$\left|\begin{array}{cccccccc}
x^1 & x^3 & x^5 & x^7 & x^0 & x^2 & x^4 & x^6 \\
\Sigma x^2 & \Sigma x^4 & \Sigma x^6 & \Sigma x^8 & 0 & 0 & 0 & 0 \\
\Sigma x^4 & \Sigma x^6 & \Sigma x^8 & \Sigma x^{10} & 0 & 0 & 0 & 0 \\
\Sigma x^6 & \Sigma x^8 & \Sigma x^{10} & \Sigma x^{12} & 0 & 0 & 0 & 0 \\
0 & 0 & 0 & 0 & \Sigma x^0 & \Sigma x^2 & \Sigma x^4 & \Sigma x^6 \\
0 & 0 & 0 & 0 & \Sigma x^2 & \Sigma x^4 & \Sigma x^6 & \Sigma x^8 \\
0 & 0 & 0 & 0 & \Sigma x^4 & \Sigma x^6 & \Sigma x^8 & \Sigma x^{10} \\
0 & 0 & 0 & 0 & \Sigma x^8 & \Sigma x^8 & \Sigma x^{10} & \Sigma x^{12}
\end{array}\right|$$

Die Determinante zerfällt also in ein Produkt aus zwei vierreihigen Determinanten. Diejenige Determinante, die nur Summen enthält, ist eine Konstante und kann mit andern Konstanten, mit denen die Determinante sowieso zu multiplizieren ist, zusammen gezogen werden, und wir können uns auf die Weiterbehandlung der andern vierreihigen Determinante beschränken.

Man erkennt leicht, daß man sie durch bestimmte Kombinationen der Spalten auf die folgende Form bringen kann

$$\begin{vmatrix} x^{(1)} & (x+1)^{(3)} & (x+2)^{(5)} & (x+3)^{(7)} \\ \Sigma\, x^{(1)}\, x^1 & \Sigma\,(x+1)^{(3)}\, x^1 & \Sigma\,(x+2)^{(5)}\, x^1 & \Sigma\,(x+3)^{(7)}\, x^1 \\ \Sigma\, x^{(1)}\, x^3 & \Sigma\,(x+1)^{(3)}\, x^3 & \Sigma\,(x+2)^{(5)}\, x^3 & \Sigma\,(x+3)^{(7)}\, x^3 \\ \Sigma\, x^{(1)}\, x^5 & \Sigma\,(x+1)^{(3)}\, x^5 & \Sigma\,(x+2)^{(5)}\, x^5 & \Sigma\,(x+3)^{(7)}\, x^5 \end{vmatrix}$$

Nun kombinieren wir die Zeilen in der gleichen Weise und erhalten

$$\begin{vmatrix} x^{(1)} & (x+1)^{(3)} & (x+2)^{(5)} & (x+3)^{(7)} \\ \Sigma\, x^{(1)}\, x^{(1)} & \Sigma\,(x+1)^{(3)}\, x^{(1)} & \Sigma\,(x+2)^{(5)}\, x^{(1)} & \Sigma\,(x+3)^{(7)}\, x^{(1)} \\ \Sigma\, x^{(1)}\,(x+1)^{(3)} & (x+1)^{(3)}\,(x+1)^{(3)} & \Sigma\,(x+2)^{(5)}\,(x+1)^{(3)} & \Sigma\,(x+3)^{(7)}\,(x+1)^{(3)} \\ \Sigma\, x^{(1)}\,(x+2)^{(5)} & \Sigma\,(x+1)^{(3)}\,(x+2)^{(5)} & \Sigma\,(x+2)^{(5)}\,(x+2)^{(5)} & \Sigma\,(x+3)^{(7)}\,(x+2)^{(5)} \end{vmatrix}$$

Die Summen erstrecken sich durchweg von $x = -\frac{N-1}{2} = -n$ bis $x = \frac{N-1}{2} = n$. Man muß sie durch Ausdrücke in n ersetzen. Wir benutzen dazu die Formel für die Produktkumulierung; vergleiche zum Beispiel „Anschauungsunterricht in Mathematischer Statistik“ Band 1 zweite Auflage Seite 131.

Nach kurzer Rechnung (siehe § 23) folgt

$$\sum_{x=0}^{n} (x+i)^{(2i+1)}\,(x+j)^{(2j+1)} =$$

$$= \frac{(n+i+1)^{(2i+2)}}{(2i+2j+3)^{(2j+2)}} \quad \text{mal}$$

$$\sum_{\lambda=0}^{2j+1} (-1)^{\lambda}\,(2j+1)^{(\lambda)}\,(n+j+1)^{(2j+1-\lambda)}\,(n+i+1+\lambda)^{(\lambda)}\,(2i+2j+3)^{(2j+1-\lambda)}$$

§ 15 Der Fall X_3

Wir betrachten zunächst die Determinante für den Sonderfall X_3. Sie lautet

$$\begin{vmatrix} x & (x+1)^{(3)} \\ \Sigma\, x \cdot x & \Sigma\,(x+1)^{(3)}\, x \end{vmatrix} \quad \text{oder}$$

$$\frac{(n+1)^{(2)}}{3^{(2)}} \sum_{\lambda=0}^{1} (-1)^{\lambda}\,(n+1)^{(1-\lambda)}\,(n+1+\lambda)^{(\lambda)}\,3^{(1-\lambda)}$$

$$\frac{(n+2)^{(4)}}{5^{(2)}} \sum_{\lambda=0}^{1} (-1)^{\lambda}\,(n+1)^{(1-\lambda)}\,(n+2+\lambda)^{(\lambda)}\,5^{(1-\lambda)}$$

Indem wir die erste Spalte mit $3/(n+1)^{(2)}$ multiplizieren und die zweite mit $5/(n+2)^{(4)}$ erhalten wir

$$\begin{vmatrix} \frac{x}{(n+1)^{(2)}}\cdot 3 & \frac{(x+1)^{(3)}}{(n+2)^{(4)}}\cdot 5 \\ \frac{1}{2}[(n+1)\cdot 3-(n+2)] & \frac{1}{4}[(n+1)\cdot 5-(n+3)] \end{vmatrix} = \begin{vmatrix} \frac{x}{(n+1)^{(2)}}\cdot 3 & \frac{(x+1)^{(3)}}{(n+2)^{(4)}}\cdot 5 \\ 2n+1 & 2n+1 \end{vmatrix}$$

und hieraus

$$\begin{vmatrix} \frac{x}{(n+1)^{(2)}}\cdot 3 & \frac{(x+1)^{(3)}}{(n+2)^{(4)}}\cdot 5 - \frac{x}{(n+1)^{(2)}}\cdot 3 \\ 2n+1 & 0 \end{vmatrix} =$$

$$= \left[\frac{(x+1)^{(3)}}{(n+2)^{(4)}}\cdot 5 - \frac{x}{(n+1)^{(2)}}\cdot 3\right]\cdot(2n+1)$$

Es erweist sich, gewissermaßen als Muster für die Funktionen höheren Grads als vorteilhaft, den Inhalt der Klammer als (endliche) Differenz zwischen den Spalten zu schreiben, wozu als Argument die Spalten-Nummern i eingeführt werden müssen, im Falle X_3 $i=0$ und $i=1$.

$$\Delta_i \frac{(x+i)^{(2i+1)}}{(n+i+1)^{(2+2i)}}\binom{i+\frac{3}{2}}{1} = \left[\frac{(x+i+1)^{(2i+3)}}{(n+i+2)^{(2i+4)}}\binom{i+\frac{5}{2}}{1} - \right.$$

$$\left. - \frac{(x+i)^{(2i+1)}}{(n+i+1)^{(2i+2)}}\binom{i+\frac{3}{2}}{1}\right]_{i=0}$$

$$= \frac{(x+1)^{(3)}}{(n+2)^{(4)}}\binom{\frac{5}{2}}{1} - \frac{x}{(n+1)^{(2)}}\binom{\frac{3}{2}}{1}.$$

§ 16 Die Funktionen X höheren Grades

Für die weiteren Entwicklungen ist nötig, zunächst die rechte Seite der letzten Gleichung des § 15

$$\sum_{x=0}^{n}(x+i)^{(2i+1)}(x+j)^{(2j+1)} = \frac{(n+i+1)^{(2i+2)}}{(2i+2j+3)^{(2j+2)}}\sum_{\lambda=0}^{2j+1}(-1)^{\lambda}(2j+1)^{(\lambda)}$$

$$(n+j+1)^{(2j+1-\lambda)}(n+i+1+\lambda)^{(\lambda)}(2i+2j+3)^{(2j+1-\lambda}$$

zu diskutieren. Es hat sich als zweckmäßig erwiesen, der Formel — mit leicht verständlicher Abkürzung — die folgende Gestalt zu geben

$$\frac{(n+1+i)^{(2i+2)}}{2^{j+1}\,(i+j+\frac{3}{2})^{(j+1)}}\cdot\frac{\Sigma}{2^{j+1}\,(i+j+1)^{(j+1)}}$$

Der ganze Ausdruck muß bei Einsetzen von ganzen positiven Zahlen für n, i, j wieder ein ganze Zahl ergeben.

Da die weitere Beschreibung für den allgemeinen Fall sehr schwerfällig wird, beschränke ich sie auf den Fall X_5. Man wird sehen, daß die Verallgemeinerung leicht und eindeutig ist.

Für die 3 Spalten der Determinante von X_5 gilt mit $i = 0, 1, 2$

$$(x+i)^{(2i+1)}$$

$$\frac{(n+i+1)^{(2i+1)}}{2\,(i+\frac{3}{2})}\cdot\frac{1}{2\,(i+1)}\sum_{\lambda=0}^{1}\left[(-1)^{\lambda}\,1^{(\lambda)}\,(n+1)^{(1-\lambda)}\,(n+i+1+\lambda)^{(\lambda)}\,(2i+3)^{(1-\lambda)}\right]$$

$$\frac{(n+i+1)^{(2i+2)}}{4\,(i+\frac{5}{2})^{(2)}}\cdot\frac{1}{4(i+2)^{(2)}}\sum_{\lambda=0}^{3}\left[(-1)^{\lambda}\,2^{(\lambda)}\,(n+2)^{(3-\lambda)}\,(n+i+1+\lambda)^{(\lambda)}\,(2i+5)^{(3-\lambda)}\right]$$

Wir multiplizieren die Spalte mit der ganzen Zahl $4\left(i+\frac{5}{2}\right)^{(2)}$

$$(x+i)^{(2i+1)}\cdot 4\,(i+\tfrac{5}{2})^{(2)}$$

$$\left\{(n+i+1)^{(2i+2)}\right\}\cdot\frac{2i+5}{2\,(i+1)}\sum_{\lambda=0}^{1}$$

$$\left\{(n+i+1)^{(2i+2)}\right\}\cdot\frac{1}{4\,(i+2)^{(2)}}\sum_{\lambda=0}^{3}$$

Jeder der Gesamtausdrücke in den Zeilen $j = 0$ und $j = 1$ ergibt für jede Wertekombination von n i j eine ganze Zahl, desgleichen die Inhalte der Figurenklammern unter der einzigen Voraussetzung, daß n nicht kleiner als 3 ist (wegen des fünften Grads des Polynoms). Entweder müssen nun die $\{\,\}$ durch $(i+1)$ beziehungsweise $(i+2)^{(2)}$ für beliebiges i teilbar sein oder die Σ. Man sieht sofort, daß dies wegen der Willkürlichkeit von n für die $\{\,\}$ nicht zutrifft, und es folgt, daß die Summe $\sum_{\lambda=0}^{1}$ durch $(i+1)$ teilbar sein muß und die Summe $\sum_{\lambda=0}^{3}$ durch $(i+2)^{(2)}$.

Die Summe $\sum\limits_{\lambda=0}^{1}$ ist in der Veränderlichen i vom ersten Grad, mithin nach Division durch $(i + 1)$ eine Konstante. Diese ist mit $(2i + 5)$ zu multiplizieren, wodurch sich als Faktor für $(n + i + 1)^{(2i+2)}$ eine Funktion ersten Grads in i ergibt.

Die Summe $\sum\limits_{\lambda=0}^{2}$ ist in der Veränderlichen i vom dritten Grad, mithin nach Division durch $(i + 2)^{(2)}$ auch vom ersten Grade in i.

Wir dividieren nun noch die ganze Spalte durch $(n + 1 + i)^{(2i+1)}$ außerdem die erste Zeile durch 8 und erhalten

$$\frac{(x+i)^{(2i+1)}}{(n+i+1)^{(2i+2)}}\binom{i+\frac{5}{2}}{2}$$

Funktion 1. Grads von i

Funktion 1. Grads von i

Differenziert man die Zeilen der Determinanten zweimal endlich nach i, so erscheinen in der zweiten und dritten Zeile der letzten Spalte nur Nullen und man findet schließlich

$$X_5 = \left[\overset{2}{\underset{i}{\Delta}} \frac{(x+i)^{(2i+1)}}{(n+1+i)^{(2i+2)}}\binom{i+\frac{5}{2}}{2}\right]_{i=0} \cdot \text{Konstante}$$

In genau entsprechender Weise findet man

$$X_7 = \left[\overset{3}{\underset{i}{\Delta}} \frac{(x+i)^{(2i+1)}}{(n+1+i)^{(2i+2)}}\binom{i+\frac{7}{2}}{3}\right]_{i=0} \cdot \text{Konstante}$$

und allgemein für ungerade X

$$X_{2l+1} = \left[\overset{l}{\underset{i}{\Delta}} \frac{(x+i)^{(2i+1)}}{(n+1+i)^{(2i+2)}}\binom{i+l+\frac{1}{2}}{l}\right]_{i=0} \cdot \text{Konstante}$$

und für gerade X

$$X_{2l} = \left[\overset{l}{\underset{i}{\Delta}} \frac{\left(x-\frac{1}{2}+i\right)^{(2i)}}{\left(n+\frac{1}{2}+i\right)^{(2i+1)}}\binom{i+l-\frac{1}{2}}{l}\right]_{i=0} \cdot \text{Konstante}$$

§ 17 Bestimmung der multiplikativen Konstanten

Die Konstanten sollen so bestimmt werden, daß $\frac{1}{N} \sum X_g^2$ für jeden Grad g gleich 1 wird, wobei N die Zahl der Beobachtungswerte ist und x die Summationsveränderliche. Wir bezeichnen die multiplikative Konstante der Funktion X_g provisorisch mit C_g und beschreiten zum Zwecke ihrer Bestimmung einen Umweg, indem wir eine neue Funktion $F(x)$* einführen. Zum Beispiel soll für ungerade Funktionen X_g, bei denen $g = 2l + 1$ gesetzt werden kann, gelten

$$X_g = \left[\overset{l}{\underset{i}{\Delta}} \frac{(x+i)^{(2i+1)}}{(n+1+i)^{(2i+2)}} \binom{l+i+\frac{1}{2}}{l} \right]_{i=0} \cdot C_g = k \overset{g}{\Delta} F(x)$$

Dabei ist $F(x)$ ein Polynom vom Grade $2g$ in x.

Für jedes $\lambda > g$ ist $\overset{\lambda}{\Delta} F(x)$ ein Polynom von einem niedrigeren als dem $g$ten Grade, so daß nach der Definition der orthogonalen ganzen rationalen Funktionen für $\lambda > g$ gilt.

$$\sum_{x=-n}^{n} \overset{\lambda}{\Delta} F(x) \cdot \overset{g}{\Delta} F(x) = 0$$

im besonderen

$$\sum_{x=-n}^{n} \overset{g+1}{\Delta} F(x) \cdot \overset{g}{\Delta} F(x) = 0$$

Diese Summe kann nach der von uns bereits mehrfach angewandten Regel für die Produktkumulierung wie folgt entwickelt werden

$$\Big[\overset{g+1}{\Delta} F(x) \overset{g-1}{\Delta} F(x) - \overset{g+2}{\Delta} F(x) \overset{g-2}{\Delta} F(x+1) + - \ldots +$$

$$+ \overset{2g-2}{\Delta} F(x) \overset{2}{\Delta} F(x+g-3) - \overset{2g-1}{\Delta} F(x) \Delta F(x+g-2) +$$

$$+ \overset{2g}{\Delta} F(x \cdot F(x) + g - 1)\Big]_{-n}^{n+1} = 0$$

---

* Unter Anlehnung an eine Abhandlung von Tschebyscheff „Sur l'interpolation"; Beilage zu den Akten der Kaiserlichen Akademie der Wissenschaften zu St. Petersburg 1864. OEuvres T. I. p. 546.

Dabei ist die letzte Differenz $\overset{2g}{\Delta} F(x)$ eine Konstante, so daß die Entwicklung an dieser Stelle abbricht.

Die Forderung, daß diese Summe verschwindet, ist erfüllt, wenn die folgenden Bedingungen erfüllt sind

$$
(1) \qquad
\begin{array}{ll@{\qquad}ll}
\overset{g-1}{\Delta} F(n+1) & = 0 & \overset{g-1}{\Delta} F(-\mathrm{n}) & = 0 \\
\overset{g-2}{\Delta} F(n+2) & = 0 & \overset{g-2}{\Delta} F(-n+1) & = 0 \\
\cdot & & & \\
\cdot & & & \\
\cdot & & & \\
\overset{2}{\Delta} F(n+g-2) & = 0 & \overset{2}{\Delta} F(-n+g-3) & = 0 \\
\Delta F(n+g-1) & = 0 & \Delta F(-n+g-2) & = 0 \\
F(n+g) & = 0 & F(-n+g-1) & = 0
\end{array}
$$

Das sind $2g$ Bedingungen, durch sie sind die $2g$ Wurzeln des Polynoms bestimmt. Wir finden als erste

$$x = n + g \qquad\qquad x = -n + g - 1$$

Sodann folgt aus

$$0 = \Delta F(n+g-1) = F(n+g) - F(n+g-1) \quad \text{und} \quad F(n+g) = 0$$

$$x = n + g - 1$$

aus

$$0 = \Delta F(-n+g-2) = F(-n+g-1) - F(-n+g-2)$$
$$\text{und} \quad F(-n+g-1) = 0$$

aus

$$x = -n + g - 2$$

$$0 = \overset{-2}{\Delta} F(n+g-2) = \Delta F(n+g-1) - \Delta F(n+g-2)$$
$$\text{und} \quad \Delta F(n+g-1) = 0$$

in 2 Schritten

$$x = n + g - 2$$

und so weiter bis

$$x = n + 1 \quad \text{und} \quad x = -n$$

Wir haben somit gefunden

$$F(x) = (x - n - 1)^{(g)} (x + n)^{(g)}$$

mal einer Konstanten, die wir in die Konstante k einbeziehen.

Damit die Identität

$$\left[\mathop{\Delta}_{i}^{l} \frac{(x+i)^{(2i+1)}}{(n+1+i)^{(2i+2)}} \binom{l+i+\frac{1}{2}}{l}\right]_{i=0} \cdot C_g = k \overset{g}{\Delta} F(x)$$

oder

$$\sum_1 \sum_2 \cdots \sum_g \left[\mathop{\Delta}_{i}^{l} \frac{(x+i)^{(2i+1)}}{(n+1+i)^{(2i+2)}} \binom{l+i+\frac{1}{2}}{l}\right] \cdot C_g = k\, F(x)$$

erfüllt wird, genügt es, die Beziehung C_g zu k so zu bestimmen, daß die Koeffizienten der höchsten Potenzen von x auf beiden Seiten gleich werden. Die Variable, nach der zu summieren ist, ist x. Man erhält

$$\left[\mathop{\Delta}_{i}^{l} \frac{1}{(2i+g+1)^{(g)}} \cdot \frac{(x+i)^{(2i+g+1)}}{(n+1+i)^{(2i+2)}} \binom{l+i+\frac{1}{2}}{l} + \varphi(x)\right]_{i=0} \cdot C_g =$$

$$= k\,(x-n-1)^{(g)}\,(x+n)^{g}$$

wobei $\varphi(x)$ eine für das Folgende unerhebliche Funktion vom Grade $2g-1$ in x ist. Es folgt weiter

$$\left[\frac{1}{(2g)^{(g)}} \cdot \frac{(x+l)^{(2g)}}{(n+1+l)^{(g+1)}} \binom{2l+\frac{1}{2}}{l} - + \,.\,.\, + \varphi(x)\right] \cdot C_g =$$

$$= k\,(x-n-1)^{(g)}\,(x+n)^{(g)}$$

Die höchsten vorkommenden Potenzen von x sind x^{2g}. Ihre Koeffizienten sind

$$\frac{1}{(2g)^{(g)}} \binom{2l+\frac{1}{2}}{l} \frac{1}{(n+1+l)^{(g+1)}} \cdot C_g \quad \text{anderseits} \quad k$$

Es folgt

$$C_g = 2^g\, g\,!\,(n+1+l)^{(g+1)} \cdot k$$

Zwecks Bestimmung von k bilden wir

$$\sum_{-n}^{n} X_g^2 = k^2 \sum_{-n}^{n} \overset{g}{\Delta} F(x) \overset{g}{\Delta} F(x)$$

Die rechte Seite entwickeln wir gemäß der Regel für Produktkumulierung und finden mit Beachtung der Gleichung (1)

$$\sum_{-n}^{n} X_y^2 = k^2 (-1)^g \sum \overset{2g}{\Delta} F(x) F(x+g)$$

$$= -k^2 (2g)! \sum_{=n}^{n} F(x+g)$$

$$= -k^2 (2g)! \sum_{-n}^{n} (x-n+g-1)^{(g)} (x+n+g)^{(g)}$$

Das Polynom $(x-n+g-1)^{(g)}$ verschwindet für $x \geqq n-g+1$. Deshalb darf man die obere Grenzen durch $n-g$ ersetzen. Man findet durch nochmalige Produktkumulierung schließlich

$$\sum_{-n}^{n} X_g^2 = k^2 \frac{g!\, g!}{2g+1} (2n+1+g)^{(2g+1)}$$

Indem man dies gleich $2n+1=N$ setzt, findet man

$$k = \frac{1}{g!} \sqrt{\frac{(2g+1)(2n+1)}{(2n+1+g)^{(2g+1)}}} = \frac{1}{g!} \sqrt{\frac{(2g+1)N}{(N+g)^{(2g+1)}}}$$

und

$$C_g = 2^g g!\,(n+1+l)^{(g+1)} k = 2^g (n+1+l)^{(g+1)} \sqrt{\frac{(2g+1)N}{(N+g)^{(2g+1)}}}$$

$$= 2^g \left(\frac{N+1}{2} + l\right)^{(g+1)} \sqrt{\frac{(2g+1)N}{(N+g)^{(2g+1)}}}$$

mithin wird schließlich

$$X_{2l+1} = \left[\overset{l}{\underset{i}{\Delta}} \frac{(x+i)^{(2i+1)}}{\left(\frac{N+1}{2}+i\right)^{2i+2}} \binom{l+i+\frac{1}{2}}{l} \right]_{i=0} 2^g \left(\frac{N+1}{2}+l\right)^{(g+1)} \sqrt{\frac{(2g+1)N}{(N+g)^{(2g+1)}}}$$

auf entsprechende Weise findet man

$$X_{2l} = \left[\overset{l}{\underset{i}{\Delta}} \frac{\left(x-\frac{1}{2}+i\right)^{(2i)}}{\left(\frac{N}{2}+i\right)^{(2i+1)}} \binom{l+i-\frac{1}{2}}{l} \right]_{i=0} 2^g \left(\frac{N}{2}+l\right)^{(g+1)} \sqrt{\frac{(2g+1)N}{(N+g)^{(2g+1)}}}$$

§ 18 Spezialisierungen

Ungerade Funktionen

$$l = 0 \qquad X_1 = \left[\frac{x}{\frac{N+1}{2}}\right] \cdot 2\,\frac{N+1}{2}\sqrt{\frac{3N}{(N+1)^{(3)}}} = 2x\sqrt{\frac{3N}{(N+1)^{(3)}}}$$

$$l = 1 \qquad X_3 = \left[\frac{(x+1)^{(3)}}{\left(\frac{N+3}{2}\right)^{(4)}}\begin{pmatrix}\frac{5}{2}\\1\end{pmatrix} - \frac{x}{\left(\frac{N+1}{2}\right)^{(2)}}\begin{pmatrix}\frac{3}{2}\\1\end{pmatrix}\right] \cdot 2^3\left(\frac{N+3}{2}\right)^{(4)}\sqrt{\frac{7N}{(N+3)^{(7)}}}$$

$$= \left[20\,(x+1)^{(3)} - 3\,(N^2-7)\,x\right]\sqrt{\frac{7N}{(N+3)^{(7)}}}$$

$$= \left[20\,x^3 - (3\,N^2-7)\,x\right]\sqrt{\frac{7N}{(N+3)^{(7)}}}$$

$$l = 2 \qquad X_5 = \left[\frac{(x+2)^{(5)}}{\left(\frac{N+5}{2}\right)^{(6)}}\begin{pmatrix}\frac{9}{2}\\2\end{pmatrix} - 2\,\frac{(x+1)^{(3)}}{\left(\frac{N+3}{2}\right)^{(4)}}\begin{pmatrix}\frac{7}{2}\\2\end{pmatrix} + \frac{x}{\left(\frac{N+1}{2}\right)^{(2)}}\begin{pmatrix}\frac{5}{2}\\2\end{pmatrix}\right] \cdot$$

$$2^5\left(\frac{N+5}{2}\right)^{(6)}\sqrt{\frac{11N}{(N+5)^{(11)}}}$$

$$= \left[252\,(x+2)^{(5)} - 70\,(N^2-25)\,(x+1)^{(3)} + \frac{15}{4}\,(N^2-25)\,(N^2-9)\,x\right]\sqrt{\frac{11N}{(N+5)^{(11)}}}$$

$$= \left[1\,008\,x^5 - 280\,(N^2-7)\,x^3 + (15\,N^4 - 230\,N^2 + 407)\,x\right] \cdot$$

$$\cdot\,\frac{1}{4}\sqrt{\frac{11N}{(N+5)^{(11)}}}$$

Gerade Funktionen

$$l = 0 \qquad X_0 = 1$$

$$l = 1 \qquad X_2 = \left[\frac{\left(x+\frac{1}{2}\right)^{(2)}}{\left(\frac{N}{2}+1\right)^{(3)}}\binom{\frac{3}{2}}{1} - \frac{1}{\frac{N}{2}}\binom{\frac{1}{2}}{1}\right]\cdot 2^2\left(\frac{N}{2}+1\right)^{(3)}\sqrt{\frac{5\,N}{(N+2)^{(5)}}}$$

$$= \left[12\left(x+\frac{1}{2}\right)^{(2)} - 4\left(\frac{N^2}{4}-1\right)\right]\cdot\frac{1}{2}\sqrt{\frac{5\,N}{(N+2)^{(5)}}}$$

$$= \left[6\,x^2 - \frac{1}{2}\,(N^2-1)\right]\sqrt{\frac{5\,N}{(N-2)^{(5)}}}$$

$$l = 2 \qquad X_4 = \left[\frac{\left(x+\frac{3}{2}\right)^{(4)}}{\left(\frac{N}{2}+2\right)^{(5)}}\binom{\frac{7}{2}}{3} + 2\,\frac{\left(x+\frac{1}{2}\right)^{(2)}}{\left(\frac{N}{2}+1\right)^{(3)}}\binom{\frac{5}{2}}{2} + \frac{1}{\frac{N}{2}}\right]2^4\left(\frac{N}{2}+2\right)^{(5)}\sqrt{\frac{9\,N}{(N+4)^{(9)}}}$$

$$= \left[35\left(x+\frac{3}{2}\right)^{(4)} - 30\left(\frac{N^2}{4}-4\right)\left(x+\frac{1}{2}\right)^{(2)} + 3\left(\frac{N^2}{4}-4\right)\left(\frac{N^2}{4}-1\right)\right]$$

$$2\sqrt{\frac{9\,N}{(N+4)^{(9)}}}$$

$$= \left[560\,x^4 - 40\,(3\,N^2-13)\,x^2 + 3\,(N^2-1)\,(N^2-9)\right]\cdot\frac{1}{8}\sqrt{\frac{9\,N}{(N+4)^{(9)}}}$$

$$l = 3 \qquad X_6 = \left[\frac{\left(x+\frac{5}{2}\right)^{(6)}}{\left(\frac{N}{2}+3\right)^{(7)}}\binom{\frac{11}{2}}{3} - 3\,\frac{\left(x+\frac{3}{2}\right)^{(4)}}{\left(\frac{N}{2}+2\right)^{(5)}}\binom{\frac{9}{2}}{3} + 3\,\frac{\left(x+\frac{1}{2}\right)^{(2)}}{\left(\frac{N}{2}+1\right)^{(3)}}\binom{\frac{7}{2}}{1} - \frac{1}{\frac{N}{2}}\binom{\frac{5}{2}}{3}\right]$$

$$2^6\left(\frac{N}{2}+3\right)^{(7)}\sqrt{\frac{13\,N}{(N+6)^{(13)}}}$$

$$= \left[231 \left(x+\frac{5}{2}\right)^{(6)} \begin{pmatrix} 11 \\ \overline{2} \\ 3 \end{pmatrix} - 315 \left(x+\frac{3}{2}\right)^{(4)} \left(\frac{N^2}{4}-9\right) \begin{pmatrix} 9 \\ \overline{2} \\ 3 \end{pmatrix} + \right.$$

$$+ 105 \left(x+\frac{1}{2}\right)^{(2)} \left(\frac{N^2}{4}-9\right)\left(\frac{N^2}{4}-4\right) \begin{pmatrix} 7 \\ \overline{2} \\ 3 \end{pmatrix} -$$

$$\left. - 5 \left(\frac{N^2}{4}-9\right)\left(\frac{N^2}{4}-4\right)\left(\frac{N^2}{4}-1\right) \begin{pmatrix} 5 \\ \overline{2} \\ 3 \end{pmatrix}\right] \sqrt{\frac{208\,N}{(N+6)^{(13)}}}$$

$$= \left[14784\, x^6 - 1680\,(3\,N^2 - 31)\, x^4 + 84\,(5\,N^4 - 110\,N^2 + 329)\, x^3 - \right.$$

$$\left. - 5\,(N^2-1)(N^2-9)(N^2-25)\right] \frac{1}{16} \sqrt{\frac{13\,N}{(N+6)^{(13)}}}$$

§ 19 Bilder der Funktionen X

Die Kurven, welche den Polynomen in einem rechtwinkligen Koordinatensystem entsprechen, sind an sich nach links und rechts unbegrenzt und damit auch nach unten und oben, aber für die Verwendung in der statistischen Forschung ist im allgemeinen nur der Ausschnitt von $x = -\frac{N-1}{2}$ bis $\frac{N-1}{2}$, brauchbar. Nur bei den niedrigeren Graden ist ein Hinausgehen über diese Grenzen gelegentlich sinnvoll. Bei den hohen Graden verschwindet die Kurve schnell im Unendlichen.

Die Kurven zu den ungeraden Polynomen sind zentrisch, denn, zieht man durch das Zentrum des dargestellten Ausschnitts eine Gerade, so bilden auf ihr die Schnittpunkte mit der Kurve Paare symmetrisch zum Zentrum liegender Punkte. Die Kurven zu den geraden Polynomen sind symmetrisch (spiegelbildlich) zur Senkrechten auf der Grundlinie im Zentrum.

Ich bringe zur Illustration zwei Bilder, eins für den Reihenumfang $N = 75$ und die Polynome vom nullten bis zum zehnten Grad und eins für den Reihenumfang $N = 44$ und die Polynome vom nullten bis zum dreiundzwanzigsten Grad sowie außerdem für das Polynom vom 43. Grad, das heißt das höchste Polynom, das man zur Konstruktion einer Näherungsparabel für eine Beobachtungsreihe von 44 Werten verwenden kann.

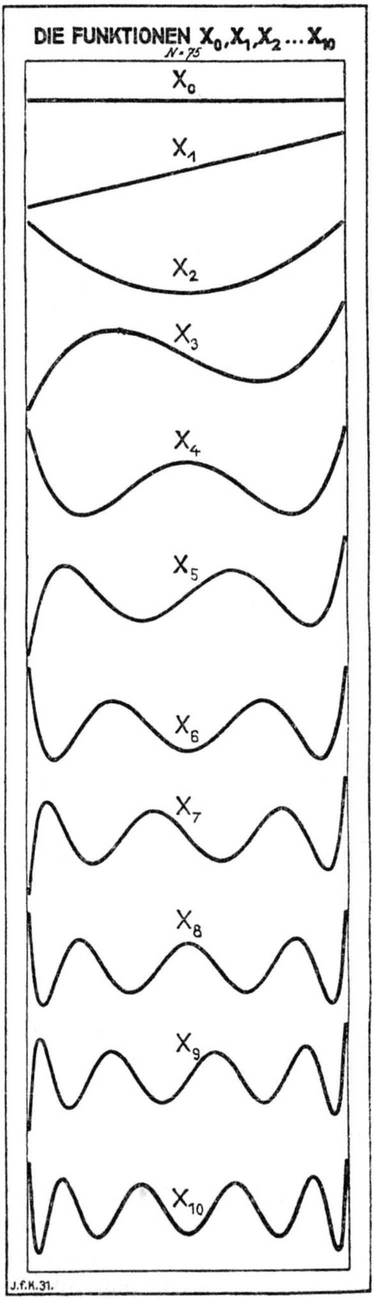
DIE FUNKTIONEN $X_0, X_1, X_2 \dots X_{10}$
N = 75
X_0
X_1
X_2
X_3
X_4
X_5
X_6
X_7
X_8
X_9
X_{10}
J.F.K. 31.

Bild 10

Zunächst ein paar Worte zu den letztgenannten! Durch die 44 Kreuzchen, die zum großen Teil fast genau auf der Abszissenachse liegen, sind die Werte von X_{43}, anders gesagt die Ordinaten markiert, welche diese Funktion in den Abszissen

$$-\frac{43}{2} \; -\frac{41}{2} \; -\frac{39}{2} \ldots \frac{39}{2} \; \frac{41}{2} \; \frac{43}{2}$$

annimmt. Dazwischen aber laufen die Funktionswerte nicht näherungsweise geradlinig sondern schlagen besonders an den Rändern weit nach oben und unten aus.

Mittels der Funktionen X_0 bis X_{22} für den Reihenumfang $N = 44$ habe ich zu der statistischen Reihe der Eheschließenden in Großbritannien (1. Teil § 5) außer der Näherungsparabel 5. Grads die Näherungsparabel 22. Grads berechnet und im Bild 6 durch Punkte markiert. Wie zu erwarten war, fällt die Reihe der Punkte fast genau mit der Reihe der Beobachtungswerte zusammen. Die Parabel 22. Grads gibt daher eigentlich nichts Neues, es sei denn daß man die „Glätte" ihres Verlaufs als einen gewissen Vorzug gegenüber der Originalkurve ansehen und diesem Verlauf eine größere „Natürlichkeit" zuerkennen will als dem beobachteten, wofür jedoch kaum Gründe angegeben werden können. Direkt gegen eine solche Annahme spricht der Umstand, daß die Parabel an den Enden der Beobachtungsstrecke zwischen den Abszissen der Beobachtungspunkte ganz anders verläuft als der Betrachtende erwartet, nämlich näherungsweise geradlinig. Vielmehr liegen die Werte der Näherungsparabel 22. Grads weit außerhalb des Verlaufs der empirischen Punkte. Sie sind im Bild durch eingerahmte Kreuzchen gekennzeichnet.

Alles Wertvolle, was die Trendanalyse über den Verlauf der englischen Heiratsziffer in dem Beobachtungszeitraum aussagen kann, wird bereits durch die Näherungsparabel fünften Grads gesagt. Eine Erhöhung des Grads der Näherungsparabel mindert hier ihren Erkenntniswert. Daß die dargestellte Methode der Berechnung von Näherungsparabeln es ermöglicht, auch gelegentlich eine Näherungsparabel außergewöhnlich hohen Grads zu berechnen, ist jedoch merkenswert für Fälle, bei denen es sich um die mathematische Analyse von Beobachtungsreihen außergewöhnlicher Länge handelt.

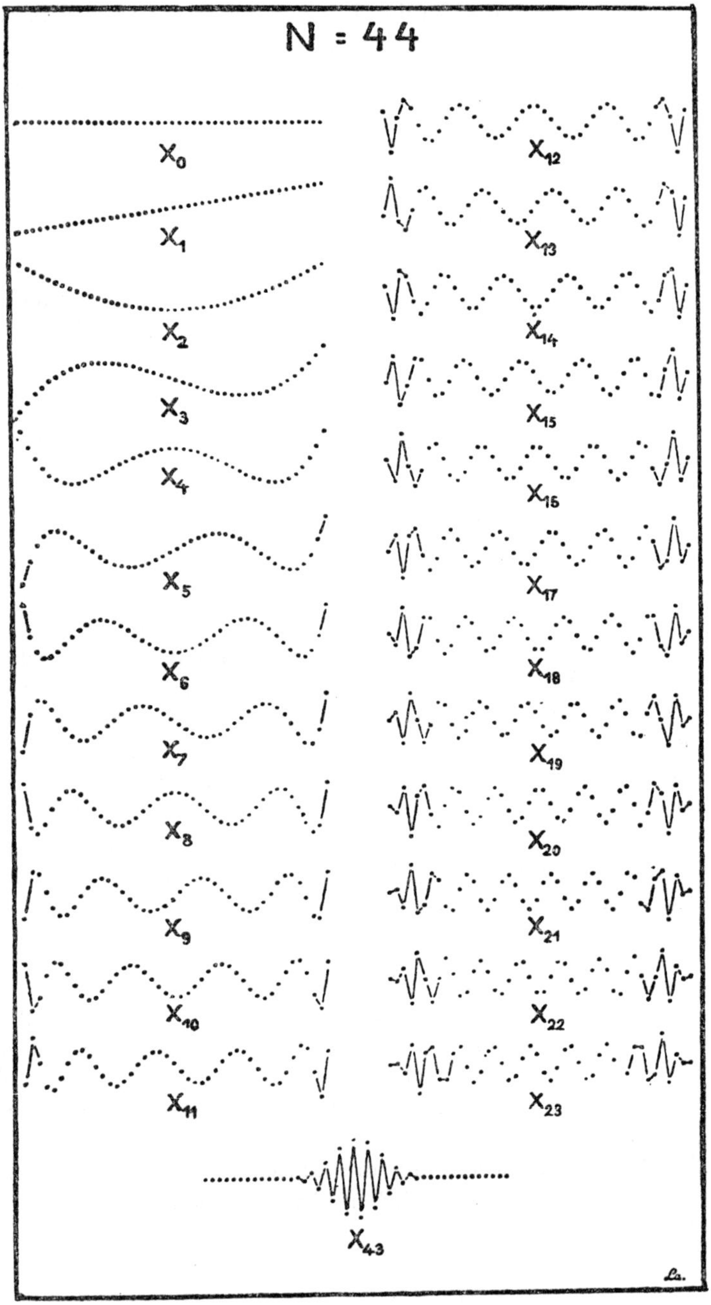

Bild 11: Die Funktionen X_0, X_1, ... und X_{43} für $N = 44$

§ 20 Die Berechnung eines Tabellenwerks der Funktionen X

Dazu benutzen wir die Rekursionsformel

$$\psi_g = \frac{(4g-2)\,x\,\psi_{g-1} - (N^2 - (g-1)^2)\,\psi_{g-2}}{g^2}$$

die ich aus einer Rekursionsformel von Tschebyscheff abgeleitet habe (Oevres T. 1, p. 473) und in der für alle Werte von N $\psi_0 = 1$ und $\psi_1 = 2x$ ist.

Die Division durch g^2 muß immer ohne Rest aufgehen.

Beispiele:

	$N = 9$	$N = 10$
$\psi_2 = \frac{6\,x \cdot \psi_1 - (N^2-1)\,\psi_0}{4}$	$\frac{6\,x\,\psi_1 - 80\,\psi_0}{4}$	$\frac{6\,x\,\psi_1 - 99\,\psi_0}{4}$
$\psi_3 = \frac{10\,x \cdot \psi_2 - (N^2-4)\,\psi_1}{9}$	$\frac{10\,x\,\psi_2 - 77\,\psi_1}{9}$	$\frac{10\,x\,\psi_2 - 96\,\psi_1}{9}$
$\psi_4 = \frac{14\,x \cdot \psi_3 - (N^2-9)\,\psi_2}{16}$	$\frac{14\,x\,\psi_3 - 72\,\psi_2}{16}$	$\frac{14\,x\,\psi_3 - 91\,\psi_2}{16}$

und so weiter.

Es folgt zum Beispiel für $N = 9$

x	ψ_0	ψ_1	ψ_2	ψ_3	ψ_4	ψ_5
0	1	0	−20	0	90	0
1	1	2	−17	−36	45	126
2	1	4	− 8	−52	− 55	56
3	1	6	7	−28	−105	−154
4	1	8	28	56	70	56
S	5	20	−10	−60	45	84

Zur Summenkontrolle kann man die folgenden Formeln benutzen

bei ungeradem N

$$g = 2l + 1 \qquad \sum \psi_g = (-1)^l \, 2^{2l+1} \binom{l - \frac{1}{2}}{l} \binom{\frac{N+1}{2} + l}{2l + 2}$$

$$g = 2l \qquad \sum \psi_g = (-1)^l \, 2^{2l-1} \binom{l - \frac{1}{2}}{l} \binom{\frac{N-1}{2} + l}{2l} \quad ; \text{ gilt nicht für } g = 0$$

bei geradem N

$$g = 2l + 1 \qquad \sum \psi_g = (-1)^l \frac{1}{2l+2} \binom{2l}{l} N \binom{\frac{N}{2} + l}{2l + 2}$$

$$g = 2l \qquad \sum \psi_g = 0$$

Um die Funktionen X_g zu erhalten, muß man die Funktionen ψ_g mit

$g! \sqrt{\dfrac{(2g+1)\,N}{(N+g)^{(2g+1)}}}$ oder, was dasselbe ist, mit $\sqrt{\dfrac{2g+1}{\binom{N+g}{g}\binom{N-1}{g}}}$ multiplizieren oder mit $\sqrt{\dfrac{N}{\binom{2g}{g}\binom{N+g}{2g+1}}}$.

§ 21 Korrelation zwischen den Abweichungen empirischer Reihen von ihren Trends

Die empirischen Reihen seien symbolisiert durch

$$h_1 \; h_2 \; h_3 \; . \; . \; h_N \quad \text{und} \quad h_1' \; h_2' \; h_3' \; . \; . \; h_N'$$

die erste werde bezogen auf einen Trend vom Grade g, die zweite auf einen Trend vom Grade g', wobei vorausgesetzt werde $g \leqq g'$. Das

Korrelationsmaß (den Korrelationskoeffizienten) definieren wir in der üblichen Weise durch

$$r_{gg'} = \frac{\Sigma (h - y_g)(h' - y'_{g'})}{\sqrt{\Sigma (h - y_g)^2 \, \Sigma (h' - y'_{g'})^2}}$$

$$= \frac{\frac{1}{N} \Sigma h\, h' + \frac{1}{N} (\Sigma y_g\, y'_{g'} - \Sigma h'\, g_y - \Sigma h\, g'_{y'})}{\sigma_g\, \sigma'_{g'}}$$

Es ist

(1) $$\frac{1}{N} \Sigma y_g\, y'_{g'} = \frac{1}{N} \Sigma (a_0 + a_1 X_1 + \ldots + a_g X_g)(a'_0 + a'_1 X_1 + \ldots a'_{g'} X_{g'})$$

$$= a_0\, a'_0 + a_1\, a'_1 + \ldots + a_g\, a'_g$$

(2) $$\frac{1}{N} \Sigma h'\, y_g = \frac{1}{N} \Sigma h' (a_0 + a_1 X_1 + \ldots + a_g X_g)$$

$$= a_0\, a'_g + a_1\, a'_1 + \ldots + a_g\, a'_g$$

(3) $$\frac{1}{N} \Sigma h\, y'_{g'} = \frac{1}{N} \Sigma h (a'_0 + a'_1 X_1 + \ldots + a'_{g'} X_{g'})$$

$$= a_0\, a'_0 + a_1\, a'_1 + \ldots + a_{g'}\, a'_{g'}$$

Durch Zusammenziehen von (1), (2) und (3) kommt

$$- a_0\, a'_0 - a_1\, a'_1 - \ldots - a_{g'}\, a'_{g'}$$

denn (1) und (2) heben sich auf, weil bei beiden das letzte Glied $a_g\, a'_g$ ist. Mithin ist

$$r_{gg'} = \frac{\frac{1}{N} \Sigma h\, h' - a_0\, a'_0 - a_1\, a'_1 - \ldots - a_{g'}\, a'_{g'}}{\sigma_g\, \sigma'_{g'}}$$

Man muß also, um $r_{g,\, g'}$ zu finden, auch für die Reihe der h die Konstanten von a_0 bis a_g berechnen, auch wenn man sich für diese Reihe mit einer Näherungsparabel niedrigeren Grads glaubt zufrieden geben zu können. Der Zähler des Bruchs für $r_{g,\, g'}$ ändert sich nicht, wenn man den Grad des Trends niedrigerer Ordnung ändert, so lange er nicht den Grad des in die Rechnung eingehenden Trends höherer Ordnung übersteigt. Dagegen ändert sich der Nenner.

Man wolle beachten, daß bei dem dargelegten Verfahren zur Berechnung der Korrelation zwischen verschiedenen empirischen Kurven unter Beziehung auf Näherungsparabeln die Berechnung dieser Parabeln selbst nicht erforderlich ist.

Beispiel:

$$g = 2 \qquad g' = 3$$

$$r_{2,3} = \frac{\frac{1}{N}\sum h\,h' - a_0 a_0' - a_1 a_1' - a_2 a_2' - a_3 a_3'}{\sqrt{\left(\frac{1}{N}\sum h^2 - a_0^2 - a_1^2 - a_2^2\right)\left(\frac{1}{N}\sum h'^2 - a_0'^2 - a_1'^2 - a_2'^2 - a_3'^2\right)}}$$

§ 22 Korrelation zwischen Näherungsparabeln

Die empirischen Reihen mögen wieder symbolisiert werden durch $h_1\ h_2\ h_3\ ..\ h_N$ und $h_1'\ h_2'\ h_3' \cdot \cdot\ h_N'$ und die Näherungsparabeln durch y_g und $y'_{g'}$, wobei gelten soll $g \leqq g'$. Der Fall wo die beiden Näherungsparabeln auf die Grundlinie (x-Achse) bezogen sind, ist im § 7 des Ersten Teils behandelt. Hier soll zur Ergänzung noch der Fall betrachtet werden, wo die beiden Näherungsparabeln y_g und $y'_{g'}$ auf Näherungsparabeln niederen Grades y_k und $y'_{k'}$ bezogen werden. Das Korrelationsmaß werde wieder mit ϱ bezeichnet.

$$\varrho = \sum \left[a_{k+1} X_{k+1} + \cdot \cdot + a_g X_g\right] \cdot \left[a'_{k'+1} X_{k'+1} + \cdot \cdot + a'_{g'} X_{g'}\right]$$

$$: \sqrt{\sum \left[a_{k+1} X_{k+1} + \cdot \cdot + a_g X_g\right]^2 \cdot \sum \left[a'_{k'+1} X_{k'+1} + \cdot \cdot + a'_{g'} X_{g'}\right]^2}$$

$$= \quad a_{k'+1} a'_{k'+1} + \cdot \cdot + a_g a'_g\Big] : \sqrt{\left[a_{k+1}^2 + \cdot \cdot + a_g^2\right]\left[a'^2_{k'+1} + \cdot \cdot + a'^2_{g'}\right]}$$

wenn $k' \geqq k$ ist. Andernfalls heißt das erste Glied in der ersten Klammer $a_{k+1}\,a'_{k+1}$.

Der Zusammenhang zwischen den Korrelationsmaßen r und ϱ ist kompliziert und undurchsichtig.

§ 23 Ergänzungsrechnung zu § 14

$$\frac{1}{2}\sum_{x=-n}^{n}(x+i)^{(2i+1)}(x+j)^{(2j+1)} = \sum_{x=0}^{n}(x+i)^{(2i+1)}(x+j)^{(2j+1)}$$

$$= \left[\frac{1}{2i+2}(x+i)^{(2i+2)}(x+j)^{(2j+1)}\right]_1^{n-1} - \frac{1}{2i+2}\sum_{x=0}^{n}(x+i+1)^{(2i+2)}\cdot$$
$$\cdot(2j+1)(x+j)^{(2j)}$$

$$= \left[\frac{1}{2i+2}(x+i)^{(2i+2)}(x+j)^{(2j+1)}\right]_0^{n-1} - \frac{2j+1}{2i+2}\left[\frac{1}{2i+3}\right.$$
$$\left.(x+i+1)^{(2i+3)}\cdot(x+j)^{(2j)}\right]_0^{n+1}$$

$$+\left[\frac{2j+1}{(2i+2)(2i+3)}\sum_0^n(x+i+2)^{(2i+3)}\,2j\,(x+j)^{(2j-1)}\right]$$

$$= 2\left\{\frac{1}{2i+2}(n+i+1)^{(2i+2)}(n+j+1)^{(2j+1)} - \frac{2j+1}{(2i+2)(2i+3)}\right.$$
$$(n+i+2)^{(2i+3)}(n+j+1)^{(2j)}$$

$$+\frac{(2j+1)\,2j}{(2i+2)(2i+3)(2i+4)}(n+i+3)^{(2i+4)}(n+j+1)^{(2j-1)} - + \ldots$$

$$\ldots + \frac{(2j+1)^{(2j)}}{(2i+2j+2)^{(2j+1)}}(n+2j+1+i)^{(2i+2j+2)}(n+j+1)^{(1)}$$

$$-\frac{(2j+1)^{(2j+1)}}{(2i+2j+3)^{(2j+2)}}(n+2j+2+i)^{(2i+2j+3)}(n+j+1)^{(0)}$$

Durch Umstellen folgt

$$\sum_{x=0}^{n}(x+i)^{(2i+1)}(x+j)^{(2j+1)} =$$

$$\frac{(n+i+1)^{(2i+2)}}{(2i+2j+3)^{(2j+2)}}\Big\{(2i+2j+3)^{(2j+1)}(2j+1)^{(0)}(n+i+1)^{(0)}(n+j+1)^{(2j+1)}$$

$$-(2i+2j+3)^{(2j)}(2j+1)^{(1)}(n+i+2)^{(1)}(n+j+1)^{(2j)}$$

$$+(2i+2j+3)^{(2j-1)}(2j+1)^{(2)}(n+i+3)^{(2)}(n+j+1)^{(2j-1)} - + \ldots$$

$$\ldots + (2i+2j+3)^{(1)}(2j+1)^{(2j)}(n+i+2j+1)^{(2j)}(n+j+1)^{(1)}$$

$$-(2i+2j+3)^{(0)}(2j+1)^{(2j+1)}(n+i+2j+2)^{(2j+1)}(n+j+1)^{(0)}\Big\}$$

zusammengefaßt

$$\sum_{x=0}^{n} (x+i)^{(2i+1)} (x+j)^{(2j+1)} =$$

$$= \frac{(n+i+1)^{(2i+2)}}{(2i+2j+3)^{(2j+2)}} \sum_{\lambda=0}^{2j+1} \frac{(-1)^{\lambda} (2j+1)^{(\lambda)} (n+j+1)^{(2j+1-\lambda)} (n+i+1+\lambda)^{(\lambda)}}{(2i+2j+3)^{(2j+1-\lambda)}}$$

Anhang zum Ersten Teil

Zahlenübersichten zu den im Text enthaltenen Bildern

Roheisenerzeugung

1 000 t.

Jahr ($N = 25$)	Belgien		Deutschland		England		Frankreich		Ver. Staaten	
	w	Trend 2. Grades	w	Trend 2. Grades	w	Trend 1. Grades	w	Trend 2. Grades	w	Trend 2. Grades
1889	832	861	4 525	4 629	8 456	7 557	1 734	1 996	7 725	6 803
1890	788	830	4 658	4 714	8 031	7 666	1 962	1 980	9 350	7 243
1891	684	807	4 641	4 840	7 525	7 775	1 897	1 975	8 412	7 733
1892	753	792	4 937	5 007	6 817	7 884	2 057	1 983	9 304	8 273
1893	745	785	4 986	5 216	7 089	7 994	2 003	2 002	7 238	8 863
1894	819	786	5 380	5 466	7 546	8 103	2 070	2 034	6 764	9 503
1895	829	795	5 465	5 758	7 827	8 212	2 004	2 077	9 597	10 194
1896	959	812	6 373	6 091	8 798	8 321	2 340	2 133	8 761	10 934
1897	1 035	836	6 881	6 465	8 937	8 430	2 484	2 200	9 807	11 724
1898	980	869	7 313	6 881	8 747	8 539	2 525	2 280	11 962	12 564
1899	1 025	909	8 143	7 338	9 572	8 649	2 578	2 372	13 839	13 455
1900	1 019	957	8 521	7 837	9 103	8 758	2 714	2 475	14 010	14 395
1901	764	1 014	7 880	8 377	8 056	8 867	2 389	2 591	16 132	15 386
1902	1 069	1 078	8 530	8 958	8 818	8 976	2 405	2 719	18 106	16 426
1903	1 216	1 150	10 018	9 581	9 078	9 085	2 841	2 858	18 297	17 517
1904	1 288	1 229	10 058	10 245	8 833	9 194	2 974	3 010	16 761	18 657
1905	1 311	1 317	10 875	10 951	9 762	9 303	3 077	3 174	23 360	19 848
1906	1 376	1 413	12 293	11 698	10 347	9 413	3 314	3 350	25 712	21 088
1907	1 407	1 516	12 875	12 486	10 276	9 522	3 590	3 537	26 194	22 379
1908	1 270	1 628	11 805	13 316	9 202	9 631	3 401	3 737	16 191	23 719
1909	1 616	1 747	12 645	14 187	9 684	9 740	3 574	3 949	26 208	25 110
1910	1 852	1 874	14 794	15 100	10 172	9 849	4 038	4 173	27 740	26 551
1911	2 046	2 009	15 574	16 054	9 679	9 958	4 470	4 409	24 028	28 042
1912	2 301	2 152	17 853	17 049	8 891	10 067	4 939	4 657	30 203	29 582
1913	2 485	2 303	19 309	18 086	10 424	10 177	5 207	4 917	31 462	31 173
Σ	30 469	30 469	236 332	236 330	221 670	221 670	72 587	72 588	417 163	417 162

Deutsche Roheisenerzeugung

1 000 t

Jahr ($N = 25$)	w	Trend 0. Grades	Trend 1. Grades	Trend 2. Grades	$a_0 X_0$	$a_1 X_1$	$a_2 X_2$
1889	4 525	9 453	2 725	4 629	9 453	— 6 728	1 904
1890	4 658	9 453	3 286	4 714	9 453	— 6 167	1 428
1891	4 641	9 453	3 846	4 840	9 453	— 5 607	993
1892	4 937	9 453	4 407	5 007	9 453	— 5 046	600
1893	4 986	9 453	4 968	5 216	9 453	— 4 485	248
1894	5 380	9 453	5 528	5 466	9 453	— 3 925	— 62
1895	5 465	9 453	6 089	5 758	9 453	— 3 364	— 331
1896	6 373	9 453	6 650	6 091	9 453	— 2 803	— 559
1897	6 881	9 453	7 210	6 465	9 453	— 2 243	— 745
1898	7 313	9 453	7 771	6 881	9 453	— 1 682	— 890
1899	8 143	9 453	8 332	7 338	9 453	— 1 121	— 993
1900	8 521	9 453	8 892	7 837	9 453	— 561	— 1 056
1901	7 880	9 453	9 453	8 377	9 453	0	— 1 076
1902	8 530	9 453	10 014	8 958	9 453	561	— 1 056
1903	10 018	9 453	10 574	9 581	9 453	1 121	— 993
1904	10 058	9 453	11 135	10 245	9 453	1 682	— 890
1905	10 875	9 453	11 696	10 951	9 453	2 243	— 745
1906	12 293	9 453	12 256	11 698	9 453	2 803	— 559
1907	12 875	9 453	12 817	12 486	9 453	3 364	— 331
1908	11 805	9 453	13 378	13 316	9 453	3 925	— 62
1909	12 645	9 453	13 938	14 187	9 453	4 485	248
1910	14 794	9 453	14 499	15 100	9 453	5 046	600
1911	15 574	9 453	15 060	16 054	9 453	5 607	993
1912	17 853	9 453	15 620	17 049	9 453	6 167	1 428
1913	19 309	9 453	16 181	18 086	9 453	6 728	1 904
Σ	236 332	236 325	236 325	236 330	236 325	0	— 2

Die Funktionen X_i[1])

x	X_7	X_8	X_9	X_{10}
		$N = 75$		
0	0,00000	1,13105	0,00000	– 1,13332
1	– 0,22540	1,10209	0,28495	– 1,08899
2	– 0,44213	1,01657	0,55204	– 0,95927
3	– 0,64179	0,87853	0,78441	– 0,75382
4	– 0,81654	0,69451	0,96713	– 0,48799
5	– 0,95930	0,47336	1,08811	– 0,18190
6	– 1,06405	0,22583	1,13880	0,14096
7	– 1,12604	– 0,03580	1,11479	0,45528
8	– 1,14197	– 0,29823	1,01621	0,73578
9	– 1,11014	– 0,54772	0,84789	0,95896
10	– 1,03064	– 0,77065	0,61929	1,10504
11	– 0,90539	– 0,95420	0,34414	1,15958
12	– 0,73817	– 1,08700	0,03994	1,11495
13	– 0,53467	– 1,15974	– 0,27298	0,97134
14	– 0,30238	– 1,16580	– 0,57248	0,73739
15	– 0,05050	– 1,10182	– 0,83591	0,43014
16	0,21029	– 0,96816	– 1,04159	0,07440
17	0,46805	– 0,76926	– 1,17041	– 0,29859
18	0,70995	– 0,51386	– 1,20746	– 0,65325
19	0,92267	– 0,21504	– 1,14362	– 0,95237
20	1,09291	0,10993	– 0,97710	– 1,16047
21	1,20798	0,44006	– 0,71464	– 1,24747
22	1,25651	0,75132	– 0,37236	– 1,19312
23	1,22923	1,01768	0,02388	– 0,99027
24	1,11988	1,21260	0,43895	– 0,64883
25	0,92621	1,31080	0,82972	– 0,19857
26	0,65112	1,29065	1,14756	0,31037
27	0,30392	1,13702	1,34218	0,80840
28	– 0,09832	0,84468	1,36712	1,21100
29	– 0,52920	0,42240	1,18727	1,42730
30	– 0,95142	– 0,10232	0,78861	1,37408
31	– 1,31493	– 0,67771	0,19059	0,99662
32	– 1,55501	– 1,22140	– 0,53842	0,29783
33	– 1,59019	– 1,61325	– 1,26229	– 0,62234
34	– 1,31999	– 1,68717	– 1,75436	– 1,51531
35	– 0,62251	– 1,22197	– 1,67035	– 1,91772
36	0,64816	0,06888	– 0,51640	– 1,06820
37	2,66464	2,54868	2,38837	2,19574
Σ	– 5,65916	0,56554	4,45158	– 0,56664

[1]) Die Werte der Funktionen $X_1, X_2, X_3 \ldots X_6$ für $N = 75$ sind dem Tabellenwerk zu entnehmen.

Niederlande Eheschließende auf 10 000 Einw.			**Eheschließende auf 10 000 Einw.**	
			in den Niederlanden	in Großbritannien[2])
Jahr	w	Trend 5. Grades	$y = a_3 X_3 + a_4 X_4 + a_5 X_5$	
1870	159	155,7	− 9,21	− 1,43
1871	160	161,5	− 1,63	2,71
1872	165	164,9	3,35	5,05
1873	171	166,3	6,23	5,98
1874	168	166,0	7,45	5,84
1875	167	164,5	7,41	4,91
1876	165	162,2	6,45	3,44
1877	162	159,3	4,86	1,67
1878	155	156,2	2,91	− 0,24
1879	153	152,9	0,80	− 2,12
1880	150	149,7	− 1,29	− 3,85
1881	146	146,7	− 3,21	− 5,34
1882	143	144,2	− 4,87	− 6,52
1883	142	142,1	− 6,17	− 7,34
1884	144	140,3	− 7,08	− 7,78
1885	139	139,1	− 7,57	− 7,84
1886	139	138,4	− 7,64	− 7,52
1887	140	138,1	− 7,30	− 6,85
1888	138	138,3	− 6,59	− 5,97
1889	139	139,0	− 5,55	− 4,63
1890	142	139,9	− 4,25	− 3,19
1891	142	141,2	− 2,76	− 1,61
1892	144	142,6	− 1,14	0,03
1893	146	144,1	0,52	1,67
1894	144	145,6	2,13	3,24
1895	147	147,1	3,64	4,67
1896	149	148,5	4,95	5,89
1897	148	149,8	6,00	6,85
1898	146	150,7	6,74	7,50
1899	149	151,3	7,11	7,79
1900	152	151,7	7,10	7,72
1901	154	151,8	6,68	7,25
1902	152	151,5	5,86	6,41
1903	149	150,9	4,68	5,22
1904	147	150,1	3,18	3,73
1905	146	149,2	1,46	2,01
1906	150	148,1	− 0,38	0,15
1907	152	147,2	− 2,18	− 1,71
1908	145	146,7	− 3,76	− 3,42
1909	141	146,6	− 4,90	− 4,80
1910	145	147,3	− 5,34	− 5,62
1911	145	149,3	− 4,76	− 5,62
1912	153	152,5	− 2,81	− 4,51
1913	155	157,7	0,91	− 1,94
Σ	6 588	6 586,8	0,03	− 0,02

[2]) England und Wales.

Großbritannien

Jahr ($N = 44$)	Eheschließende auf 10 000 Einwohner[1])				Arbeitslose in vH der Gewerkschaftsmitglieder	Großhandelsindex der Industriestoffpreise	
	w	Trend 3. Grades	Trend 5. Grades	w minus Trend 5. Grades	w	w	Trend 5. Grades
1870	161	175,0	165,2	− 4,2	3,9	99	105,8
1871	166	171,5	168,2	− 2,2	1,6	101	105,1
1872	174	168,4	169,4	4,6	0,9	115	103,7
1873	176	165,5	169,3	6,7	1,2	114	101,8
1874	170	162,9	168,1	1,9	1,7	100	99,5
1875	168	160,7	166,3	1,7	2,4	93	96,9
1876	166	158,7	163,9	2,1	3,7	91	94,1
1877	158	156,9	161,2	− 3,2	4,7	89	91,2
1878	152	155,4	158,5	− 6,5	6,8	81	88,2
1879	144	154,2	155,9	− 11,9	11,4	78	85,2
1880	150	153,1	153,4	− 3,4	5,5	84	82,3
1881	152	152,3	151,2	0,8	3,5	80	79,6
1882	156	151,6	149,4	6,6	2,3	80	77,0
1883	156	151,1	148,0	8,0	2,6	77	74,6
1884	152	150,8	147,0	5,0	8,1	73	72,4
1885	146	150,7	146,5	− 0,5	9,3	70	70,5
1886	142	150,6	146,4	− 4,4	10,2	67	68,8
1887	144	150,7	146,6	− 2,6	7,6	67	67,4
1888	144	150,9	147,2	− 3,2	4,9	69	66,3
1889	150	151,2	148,2	1,8	2,1	70	65,4
1890	156	151,5	149,3	6,7	2,1	71	64,8
1891	156	152,0	150,7	5,3	3,5	68	64,4
1892	154	152,5	152,2	1,8	6,3	65	64,3
1893	148	153,0	153,7	− 5,7	7,5	65	64,3
1894	150	153,5	155,2	− 5,2	6,9	60	64,6
1895	150	154,1	156,6	− 6,6	5,8	60	65,0
1896	158	154,7	157,8	0,2	3,3	60	65,6
1897	160	155,2	158,8	1,2	3,3	59	66,3
1898	162	155,7	159,6	2,4	2,8	61	67,1
1899	166	156,2	160,0	6,0	2,0	70	68,1
1900	160	156,6	160,1	− 0,1	2,5	80	69,1
1901	160	157,0	159,9	0,1	3,3	72	70,2
1902	158	157,2	159,4	− 1,4	4,0	71	71,3
1903	156	157,4	158,5	− 2,5	4,7	72	72,5
1904	154	157,5	157,4	− 3,4	6,0	72	73,8
1905	154	157,4	156,1	− 2,1	5,0	75	75,1
1906	158	157,2	154,7	3,3	3,6	83	76,4
1907	160	156,8	153,4	6,6	3,7	86	77,9
1908	152	156,3	152,2	− 0,2	7,8	74	79,4
1909	148	155,6	151,4	− 3,4	7,7	75	81,0
1910	150	154,7	151,3	− 1,3	4,7	81	82,7
1911	152	153,6	152,0	0,0	3,0	83	84,6
1912	156	152,3	153,8	2,2	3,2	88	86,8
1913	156	150,7	157,2	− 1,2	2,1	91	89,2
$\sum$	6 861	6 860,9	6 861,2	− 0,2	195,2	3 440	3 440,3

1) Nur England und Wales.

ZWEITER TEIL

Orthogonale Polynome und elektronisches Rechnen

Von Professor Dr. Rudolf Ludwig †, Braunschweig

Erster Abschnitt

Ausgleichung bei nicht-äquidistanten Abszissen

§ 1 Problemstellung

Es soll von einer Beobachtungsreihe ausgegangen werden, das heißt, es seien n empirische Werte, wie etwa Meßdaten, statistische Erhebungsdaten oder dergleichen, x_i, y_i, $i = 1, \ldots, n$, bekannt. Gesucht ist formelmäßig ein „bestmöglicher" funktionaler Zusammenhang zwischen den Argumenten x und Ordinaten y.

Gegenüber Teil 1 sollen aber die folgenden Erweiterungen vorgenommen werden:

a) Die Argumente x_i können beliebig angeordnet sein,

b) Gewisse Argumente können mehrfach auftreten, die zugehörigen Beobachtungswerte können gleich oder verschieden sein.

Diese Erweiterungen sind erforderlich für die Auswertung von Datenmaterial, das im Bereich der Statistik, der Naturwissenschaften und der Technik auftritt, z. B. als Ergebnisse von mehr oder weniger ausgedehnten Versuchsreihen. Die Beschränkung auf äquidistante Argumente läßt sich oft versuchstechnisch nicht verwirklichen. Auch bei statistischem Material sind die Argumente (Merkmalswerte, Jahreszahlen bei Zeitreihen) manchmal ungleichmäßig verteilt, z. B. auch bei einer Zeitreihe, in der einige Werte ausfallen. Durch Interpolation der gegebenen Werte auf äquidistante Argumente würde das Beobachtungsmaterial, das vom Zufall beeinflußt ist, verfälscht werden.

Zur Ereichung einer einfachen Darstellung ist es manchmal angebracht, Abszissen, Ordinaten oder beide zu verzerren, etwa logarithmisch (Logarithmenpapier). Will man dann in dieser Darstellung z. B. eine Ausgleichsgerade berechnen, so sind die Abszissen dann auch nicht mehr äquidistant.

Es sollen noch ein paar Bemerkungen gemacht werden zu dem oben eingeführten Begriff „bestmöglicher formelmäßiger Zusammenhang". Die Abweichung $\varepsilon(x_i)$ der Beobachtungswerte y_i von der Approximationsfunktion (auch Ausgleichsfunktion genannt) $\bar{y}(x_i)$ sei

$$\varepsilon(x_i) = \bar{y}(x_i) - y_i$$

Als Maß für die Gesamtabweichung kann man die Quadratsumme der Abweichungen einführen

$$\Phi = \sum_{i=1}^{n} \varepsilon^2(x_i)$$

und die Funktion $\bar{y}(x)$ durch geeignete Wahl der Parameter so bestimmen, daß Φ zum Minimum gemacht wird. Das ist die von C. F. Gauß eingeführte Methode der kleinsten Quadratsumme:

$$\Phi \stackrel{!}{=} \text{Min}$$

Bei einem Ansatz der Approximationsfunktion durch Linearkombination gegebener Funktionen $\varphi_0(x), \ldots, \varphi_p(x)$

$$\bar{y}(x) = \alpha_0 \varphi_0(x) + \alpha_1 \varphi_1(x) + \ldots + \alpha_p \varphi_p(x)$$

erhält man ein lineares Gleichungssystem zur Bestimmung der α_i. Aus den vorangegangenen Diskussionen sieht man, daß bei einem Ansatz mit Orthogonalfunktionen die Koeffizienten sich direkt ohne Lösung eines Gleichungssystemes bestimmen lassen und daß die Erweiterung des Ansatzes von p auf $p+1$ gegebene Funktionen keine vollständige Neurechnung erforderlich macht, sondern nur einen Zusatz um ein Glied. Die „Methode der kleinsten Quadratsumme“ hat den Vorteil großer Einfachheit. Für die Praxis ist dies wichtig, da man oft eine solche Approximation schnell und ohne großen Aufwand durchführen möchte. Diesem Verfahren steht gegenüber die sogenannte „gleichmäßige“ Approximation, die nach Tschebyscheff bezeichnet wird. Hier wird gefordert, daß der Maximalbetrag der Abweichungen $\varepsilon(x)$ zum Minimum gemacht werden soll, also

$$\text{Max}\,|\varepsilon(x)| \stackrel{!}{=} \text{Min}$$

Diese Methode ist rechnerisch auch bei linearem Ansatz der Approximationsfunktion nur iterativ möglich. Die „gleichmäßige“ Approximation zeigt sich darin, daß dieses Minimum genau an $n+2$ Stellen angenommen wird, was zur Abschätzung des Fehlers wichtig ist. Der erhöhte rechnerische Aufwand lohnt sich bestimmt dann, wenn oft benötigte Funktionen dargestellt werden sollen. Dies tritt besonders in den Fällen auf, wo man stetige Funktionen in $a \leqq x \leqq b$ etwa durch Polynome approximieren will. Dies ist z. B. erforderlich für die Verwendung der elementaren transzendenten Funktionen bei Digitalrechnern. Es gibt jedoch auch wirkungsvolle Näherungsverfahren für Approximationen durch Polynome, die mit wenig Rechenaufwand auskommen[1].

Wie bisher sollen im folgenden nur Approximationen durch Polynome in Betracht gezogen werden.

§ 2 Das Verfahren

Für die n gegebenen Abszissen x_i müssen zunächst die zugehörigen Orthogonalpolynome $Z_p(x)$, $p = 0, 1, \ldots, g$, berechnet werden. Dies kann rekursiv geschehen. Jeder Abszisse x_i soll außerdem noch ein Gewicht w_i zugeordnet werden. Und es soll sein

$$N = \sum_{i=1}^{n} w_i$$

Im Gegensatz zu den äquidistanten, symmetrisch zum Ursprung angeordneten Abszissen kann man hier nicht auf Tabellen zurückgreifen, sondern in jedem Einzelfall müssen diese Werte errechnet werden. Dies ist allerdings praktisch nur durchführbar bei Benutzung eines Digitalrechners. Aber der Aufwand ist kleiner als bei dem üblichen Verfahren, wo lineare Gleichungssysteme aufgelöst werden müssen. Ein Rechenprogramm (s. § 5) schließt automatisch den Fall äquidistanter Abszissen ein.

In diesem Abschnitt sollen nur die Berechnungsverfahren zusammengestellt werden. Die mathematische Begründung wird in § 5 dieses Abschnitts hergeleitet.

1. Berechnung der Polynome nullten bis g-ten Grades

Nullter Schritt:

$$\alpha_{10} = 1 \qquad Z_0 = 1 \tag{1}$$

[1] R. Zurmühl, Praktische Mathematik für Ing. u. Phys., 5. Auflage (1965), S. 376—380.

Erster Schritt:

$$N_1^2 = N \sum_{i=1}^{n} w_i x_i^2 - \left(\sum_{i=1}^{n} w_i x_i\right)^2 \tag{2}$$

$$\begin{aligned} \alpha_{11} &= \frac{N}{N_1} \\ \alpha_{21} &= -\frac{N}{N_1} \sum_{i=1}^{n} w_i x_i \end{aligned} \tag{3}$$

$$Z_1(x) = \alpha_{11} x + \alpha_{21} \tag{4}$$

Zweiter bis g-ter Schritt: $p = 2, 3, \ldots, g$

$$\begin{aligned} N_p^2 = N \sum_{i=1}^{n} w_i x_i^2 Z_{p-1}^2(x_i) - \left(\sum_{i-1}^{n} w_i x_i Z_{p-1}^2(x_i)\right)^2 - \\ - \left(\sum_{i-1}^{n} w_i x_i Z_{p-2}(x_i)\right)^2 \end{aligned} \tag{5}$$

$$\left\{ \begin{aligned} \alpha_{1p} &= \frac{N}{N_p} \\ \alpha_{2p} &= \frac{1}{N_p} \sum_{i=1}^{n} w_i x_i Z_{p-1}^2(x_i) \\ \alpha_{3p} &= -\frac{1}{N_p} \sum_{i=1}^{n} w_i x_i Z_{p-1}(x_i) Z_{p-2}(x_i) \end{aligned} \right. \tag{6}$$

$$\boxed{Z_p(x) = (\alpha_{1p} x + \alpha_{2p}) Z_{p-1}(x) + \alpha_{3p} Z_{p-2}(x)} \quad \text{(Rekursionsformel)} \tag{7}$$

Rechenkontrolle:

$$\sum_{i=1}^{n} w_i Z_p(x_i) = 0 \qquad p = 1, 2, \ldots, g \tag{8}$$

2. Approximation der Beobachtungswerte

Für die n Argumente x_i liegen die Beobachtungswerte y_i vor, für die ein Approximationspolynom g-ten Grades angesetzt werden soll:

$$\bar{y}(x) = A_0 Z_0 + A_1 Z_1(x) + \ldots + A_g Z_g(x) \tag{9}$$

Die Koeffizienten A_p, $p = 0, 1, \ldots, g$, werden berechnet

$$A_p = \frac{1}{N} \sum_{i=1}^{n} w_i y_i Z_p(x_i) \tag{10}$$

Zur Beurteilung der Approximation dient das Minimum der Fehlerquadratsumme, das sich in folgende Form bringen läßt:

$$\Phi_{\text{Min}} = \sum_{i=1}^{n} w_i y_i^2 - N\left(A_0^2 + A_1^2 + \ldots + A_g^2\right) \tag{11}$$

Die Approximation ist hinsichtlich des Grades g soweit zu treiben, als die Fehlerquadratsumme Φ_{Min} sich noch sinnvoll verkleinert.

Für $g = n - 1$ erhält man das Interpolationspolynom, das alle Werte y_i exakt erfüllt, das heißt Φ_{Min} wird zu Null gemacht. Aber der Sinn einer Approximation (Ausgleichung) ist, mit möglichst niedrigem Grad auszukommen. Daher wird in der Praxis von einem gewissen g ab, Φ_{Min} nur sehr wenig abnehmen. Will man das Approximationspolynom zur Interpolation von Zwischenwerten benutzen (soweit das sachlich sinnvoll ist), so können gerade an solchen Zwischenwerten bei hohem Polynomgrade große Abweichungen von einem „glatten“ Funktionsverlauf auftreten.

3. Interpolation

Zur Berechnung des Polynoms an Stellen $x = x_k$ nach dem Hornerschen Schema wird das Polynom (9) nach Potenzen von x geordnet:

$$\bar{y}(x) = C_0 + C_1 x + \ldots. + C_g x^g \tag{12}$$

Auch die Orthogonalpolynome $Z_p(x)$ kann man nach x-Potenzen geordnet angeben

$$Z_p(x) = c_{0p} + c_{1p} x + \ldots + c_{pp} x^p \tag{13}$$

Führt man nun folgende Vektoren und Matrizen ein[2]:

den Koeffizientenvektor $\mathbf{c}_p$ mit den $(p + 1)$ Komponenten:

$$\mathbf{c}_p = \begin{pmatrix} c_{0p} \\ \cdots \\ c_{pp} \end{pmatrix} \tag{14.1}$$

den Vektor der Rekursionskoeffizienten $\mathbf{a}_p$

$$\mathbf{a}_p = \begin{pmatrix} \alpha_{1p} \\ \alpha_{2p} \\ \alpha_{3p} \end{pmatrix} \tag{14.2}$$

und die Koeffizientenmatrix $\mathbf{C}_p$

$$\mathbf{C}_p = \begin{pmatrix} 0 & \mathbf{c}_{p-1} & \mathbf{c}_{p-2} \\ & & 0 \\ \mathbf{c}_{p-1} & 0 & 0 \end{pmatrix} \quad \text{(Matrix mit 3 Spalten und } p + 1 \text{ Zeilen)} \tag{14.3}$$

Es ist dann

$$\mathbf{c}_p = \mathbf{C}_p \, \mathbf{a}_p \qquad \text{für } p \geqq 2 \tag{15}$$

Faßt man die Vektoren $\mathbf{c}_p$ zu einer Dreiecksmatrix

$$\mathbf{C} = \begin{pmatrix} \mathbf{c}_0 \, \mathbf{c}_1 \, \mathbf{c}_2 \, \cdots \, \mathbf{c}_g \\ 0 \end{pmatrix} \quad \text{(Matrix mit } g + 1 \text{ Zeilen und Spalten)} \tag{16}$$

und die Koeffizienten des Approximationspolynoms (9) bzw. (12) zu Vektoren mit $(g + 1)$ Komponenten zusammen

$$\mathbf{a} = \begin{pmatrix} A_0 \\ \cdots \\ A_g \end{pmatrix} \quad \mathbf{c} = \begin{pmatrix} C_0 \\ \cdots \\ C_g \end{pmatrix} \tag{17}$$

so ist

$$\mathbf{c} = \mathbf{C} \, \mathbf{a} \tag{18.1}$$

oder in Komponenten geschrieben

$$C_p = \sum_{i=p}^{g} c_{pi} \, A_i \tag{18.2}$$

---

[2] Vektoren und Matrizen sollen mit kleinen und großen lateinischen Buchstaben in Fettdruck bezeichnet werden.

§ 3 Rechenprogramm

Für die Durchführung praktischer Rechnungen soll ein Rechenprogramm für Digitalrechner angegeben werden. Dies Programm ist in der Programmiersprache ALGOL geschrieben. In der unten angegebenen Form ist dies in einer *Lochkarten*-Fassung für ALCOR MAINZ der Datenverarbeitungsanlage Siemens 2002 geschrieben[3].

Für folgende Rechnung sind alle Gewichte w_k gleich 1 gesetzt worden. Es würde nur eine kleine Änderung erforderlich sein, diese w_k zu berücksichtigen. Tritt ein Argument q-fach auf, so ist dies auch mehrfach aufzuführen, also als $x_k, x_{k+1}, \ldots, x_{k+q-1}$. Die zugehörigen Beobachtungswerte können dann je nach Aufgabenstellung gleich oder ungleich sein (s. Beispiel 4).

Für die praktische Rechnung ist noch zu beachten, daß man bei der Berechnung der $N_1, \ldots, N_g$ wegen der darin auftretenden Differenzen positiver Summen Schwierigkeiten erhalten kann durch Auslöschen führender Stellen. Dies kann besonders dann eintreten, wenn der Schwerpunkt der Abszissen x_k vom Nullpunkt weg liegt. In diesem Fall empfiehlt es sich, alle Abszissen um einen geschätzten Abszissenschwerpunkt x_0 zu verschieben und das gesuchte Polynom nach Potenzen von $(x - x_0)$ zu entwickeln (s. Beispiel 2). Es folgt nun eine Beschreibung des Rechenprogramms.

Programmbeschreibung[4]

1. Zweck des Programms:

Zu gegebenen Funktionswerten $X[K]$, $Y[K]$, $K = 1 \ldots N$ [5], wird ein Ausgleichspolynom vom Grad G bestimmt. Dazu werden die ausgeglichenen Funktionswerte Y1 [K], die Differenzen zu den gegebenen Funktionswerten $Y[K]$ − Y1 [K], die Summe der Fehlerquadrate PHI, die Koeffizienten $C[K]$ des Polynoms und an M Stellen $X[Q]$ die interpolierten Funktionswerte Y2 [Q] angegeben.

2. Zahlendarstellung:

2.1 $X[K]$, $Y[K]$, Y1 [K], Y2 [K] sind vom Typ 'REAL'
N (Zahl der Funktionswerte), G (Grad des Polynoms), FALL (Fallkennzahl), DRUCK (Druckkennzahl), DEZX, DEZY (Stellenzahl für das Ausdrucken der x- und y-Werte) sind vom Typ 'INTEGER'.

---

[3] Damit ist dieses Programm auch für andere Rechenanlagen verwendbar, evt. mit geringfügigen Änderungen.

[4] Die Formulierung wurde der der Siemens-Programmbibliothek angepaßt.

[5] Die eckigen Klammern [....] werden in der Lochkartenfassung ersetzt durch (/..../).

3. Bereich: je nach Speichergröße

4. Voraussetzung: $G \leqq N - 1$

5. Genauigkeit: —

6. Speicherbedarf: etwa 1 600 Zellen + Speicherbedarf für die benötigten Felder.

7. Math. Methode: Ausgleichung nach der Methode der kleinsten Quadratsumme durch Verwendung von Orthogonalpolymen.

8. Zeitbedarf: Für ein Polynom 7. Grades durch 57 Punkte wurden 24 sec gemessen.

9. Benötigte Hilfsprogramme:

Zur Ausgabe mit vorgegebener Stellenzahl wurde eine Code-Prozedur SDGKZ (A, N) [6] benutzt (A auszudruckende Zahl, N Zahl der auszudruckenden Stellen). Sie kann leicht durch ein ähnliches Druckprogramm, wie es wohl in jedem Rechenzentrum vorhanden ist, ersetzt werden. Durch eine Code-Prozedur STOP wird erreicht, daß nach Durchrechnung eines Falles die Maschine mit einem Stop-Befehl stehen bleibt. Diese Prozedur kann leicht geändert oder weggelassen werden.

10. Eingabedaten in der Reihenfolge:

(Die Datenkarten müssen den Vorschriften von ALCOR MAINZ entsprechen.)

10.1	N	(FKZ)	Zahl der Funktionswerte[7]
	G	(FKZ)	Grad des Polynoms
	⟨FALL⟩ = 1	(FKZ)	äquidistante, *keine* mehrfachen Argumente
	= 2	(FKZ)	beliebige, auch mehrfache Argumente
	⟨DRUCK⟩ = 0	(FKZ)	Ausgabe der Daten *nur* für den geforderten Grad G
	= 1	(FKZ)	Ausgabe der Daten *für alle* Ausgleichspolynome von Grad 1 bis G.
	DEZX, DEZY	(FKZ)	Zahl der Stellen auf die die x- bzw. y-Werte gerundet und mit Dezimalpunkt nach der 1. Stelle ausgegeben werden; dahinter folgt evt. noch eine Zehnerpotenz ('2 heißt $\cdot 10^2$)

6 Aus der Programmbibliothek des Rechenzentrums der Deutschen Forschungs- und Versuchsanstalt für Luft- und Raumfahrt (DFVLR), Forschungszentrum Braunschweig : ALGOL 1010 . Liegt in Lochkarten vor.

7 FKZ Festkommazahl, GKZ Gleitkommazahl.

10.2 Funktionswerte (GKZ):

Für FALL = 1	*XA* Anfangsabszisse *XE* Endabszisse Y [*K*] die *N* Ordinaten
oder	
= 2	*X* [*K*], *Y* [*K*] die *N* Abszissen und Ordinaten (je paarweise)
danach als Schlußzeichen	
− 1 (FKZ)	

10.3 Interpolation

M (FKZ)	Zahl der zu interpolierenden Werte
X [*K*] (GKZ)	die *M* Argumente für die zu interpolierenden Werte
− 1 (FKZ)	als Schlußzeichen (Ende des Datensatzes)
oder 0,	wenn keine Interpolation gewünscht (Ende des Datensatzes)

11. Maschinenausrüstung — mindestens 5 000 Wort-Kernspeicher und 10 000 Wort-Trommelspeicher

12. Bemerkung: — Das Programm wurde mit ALCOR MAINZ 2002 5K in Lochkartenfassung übersetzt und getestet[8].

Die Ausgabe kann aus den Beispielen ersehen werden.

Programm s. Anhang 1.

§ 4 Beispiele

Es sollen 4 Beispiele angegeben werden, die die Rechenweise und die Ergebnisse zeigen. Es bedeuten:

X, *Y* gegebene Funktionswerte, ausgedruckt mit DEZX-, bzw. DEZY-Stellen.

---

[8] Das Programm kann in Original- oder übersetzter Form auf Lochkarten oder Lochstreifen angefordert werden, siehe Fußnote 7.

Y1	ausgeglichene Funktionswerte
Y − Y1	Differenz gegebener und ausgeglichener Funktionswerte (scheinbarer Fehler im Sinne der Gaußschen Ausgleichung) } ausgedruckt mit DEZY-Stellen
PHI	„Summe der Fehlerquadrate“ nach (11) (wird mit einer Stelle mehr als bei den y-Werten ausgedruckt)
$C(I)$	Koeffizienten des nach Potenzen von x geordneten Polynoms $C_0 + C_1 x + \ldots + C_g x^g$ (sie werden mit einer Stelle mehr als bei den y-Werten ausgegeben
$X0$	Verschiebung des Ursprungs um x_0. Die $C(I)$ sind dann die Koeffizienten des nach Potenzen von $x - x_0$ geordneten Polynoms $C_0 + C_1 (x - x_0) + \ldots. + C_g (x - x_0)^g$

Beispiel 1

Gegeben sind 6 Punkte und es soll ein quadratisches Ausgleichspolynom bestimmt werden.

Die Eingabedaten sind (Ausgabe mit 2 bzw. 5 Stellen bei den x bzw. y-Werten)

$N = 6$, $G = 2$, < FALL > = 2, < DRUCK > = 1, DEZX = 2, DEZY = 5

$X = 0$	− 2.0	3.5
	0	5.0
	3.0	6.8
	4.0	7.0
	6.0	7.6
	9.0	8.4

Ergebnisse:

(Die Ergebnisse werden entsprechend dem Druck der Rechenanlage angegeben.)

Ausgleichspolynom

Zahl der Funktionswerte = 6

Grad des Polynoms = 1

X	Y	Y1	Y − Y1
− 2.0	3.5000	4.0349	− 0.5349
0.0	5.0000	4.9155	0.0845
3.0	6.8000	6.2366	0.5634
4.0	7.0000	6.6769	0.3231
6.0	7.6000	7.5576	0.0424
9.0	8.4000	8.8786	− 0.4786

PHI = 0.00946′2

C (*I*) =	4.91555
	4.40336′ − 1

Grad des Polynoms = 2

X	Y	Y1	Y − Y1
− 2.0	3.5000	3.5493	− 0.0493
0.0	5.0000	4.9636	0.0364
3.0	6.8000	6.6314	0.1686
4.0	7.0000	7.0664	− 0.0664
6.0	7.6000	7.7550	− 0.1550
9.0	8.4000	8.3343	0.0657

PHI = 0.00065′2

C (*I*) =	4.96357
	6.46667′ − 1
	− 3.02381′ − 2

Beispiel 2

Es wurden dieselben Daten benutzt wie in Beispiel 1, aber das Polynom soll nach Potenzen von $(x - 3.5)$ geordnet werden.

Ergebnisse:

Ausgleichspolynom

Zahl der Funktionswerte = 6

*X*0 = 3.5

Grad des Polynoms = 1

X − X0	Y	Y1	Y − Y1
− 5.5	3.5000	4.0349	− 0.5349
− 3.5	5.0000	4.9155	0.0845
− 5.0′ − 1	6.8000	6.2366	0.5634
5.0′ − 1	7.0000	6.6769	0.3231
2.5	7.6000	7.5576	0.0424
5.5	8.4000	8.8786	− 0.4786

PHI = 0.00946′2

C (*I*) =	6.45672
	4.40336′ − 1

Grad des Polynoms = 2

X − X0	Y	Y1	Y − Y1
− 5.5	3.5000	3.5493	− 0.0493
− 3.5	5.0000	4.9636	0.0364
− 5.0′ − 1	6.8000	6.6314	0.1686
5.0′ − 1	7.0000	7.0664	− 0.0664
2.5	7.6000	7.7550	− 0.1550
5.5	8.4000	8.3343	0.0657

PHI = 0.00065′2

C (*I*) =

6.85649
4.35000′ − 1
− 3.02381′ − 2

$$\bar{y}(x) = 6.85649 + 0.43500\,(x - 3.5) - 0.030238\,(x - 3.5)^2$$

X	Y2
− 1.0	6.3912
1.0	7.2612
2.0	7.6055
5.0	8.2755
7.0	8.4198
8.0	8.4013

Beispiel 3

Es liegen 13 Meßwerte einer Windkanalmessung vor für die Momenten-Beiwerte eines Fallschirmes. Die einem Diagramm entnommenen Werte wurden vorher soweit geglättet, daß sie genau symmetrisch zum Ursprung liegen. Ausgeglichen wurde bis zum 5. Grade. Die Ergebnisse sind angegeben für 1., 3. und 5. Grad (die geraden Grade tragen nichts bei).

Ergebnisse:

Ausgleichspolynom

Zahl der Funktionswerte = 13

Grad des Polynoms = 1

X	Y	Y1	Y − Y1
− 3.0′1	− 0.1750	− 1.4540′ − 1	− 0.0296
− 2.5′1	− 0.1240	− 1.2116′ − 1	− 0.0028
− 2.0′1	− 0.0693	− 9.6932′ − 2	0.0276
− 1.5′1	− 0.0320	− 7.2699′ − 2	0.0407
− 1.0′1	− 0.0821	− 4.8466′ − 2	− 0.0336
− 0.5′1	0.0022	− 2.4233′ − 2	0.0264
0.0′1	0.0000	0.0000	0.0000
0.5′1	− 0.0022	2.4233′ − 2	− 0.0264
1.0′1	0.0821	4.8466′ − 2	0.0336
1.5′1	0.0320	7.2699′ − 2	− 0.0407
2.0′1	0.0693	9.6932′ − 2	− 0.0276
2.5′1	0.1240	1.2116′ − 1	0.0028
3.0′1	0.1750	1.4540′ − 1	0.0296

PHI = 0.10268′ − 1

C (*I*) =

0.00000
4.84659′ − 3

Grad des Polynoms = 3

X	Y	Y1	Y − Y1
− 3.0′1	− 0.1750	− 1.7283′ − 1	− 0.0032
− 2.5′1	− 0.1240	− 1.2116′ − 1	− 0.0028
− 2.0′1	− 0.0693	− 8.2513′ − 2	0.0132
− 1.5′1	− 0.0320	− 5.3474′ − 2	0.0215
− 1.0′1	− 0.0821	− 3.1644′ − 2	− 0.0505
− 0.5′1	0.0022	− 1.4620′ − 2	0.0168
0.0′1	0.0000	0.0000	0.0000
0.5′1	− 0.0022	1.4620′ − 2	− 0.0168
1.0′1	0.0821	3.1644′ − 2	0.0505
1.5′1	0.0320	5.3474′ − 2	− 0.0215
2.0′1	0.0693	8.2513′ − 2	− 0.0132
2.5′1	0.1240	1.2116′ − 1	0.0028
3.0′1	0.1750	1.7183′ − 1	0.0032

PHI = 0.06965′ − 1

C (*I*) =

0.00000
2.84397′ − 3
0.00000
3.20420′ − 6

Grad des Polynoms = 5

X	Y	Y1	Y – Y1
– 3.0′1	– 0.1750	– 1.7861′ – 1	0.0036
– 2.5′1	– 0.1240	– 1.1100′ – 1	– 0.0130
– 2.0′1	– 0.0693	– 7.6968′ – 2	0.0077
– 1.5′1	– 0.0320	– 5.6863′ – 2	0.0249
– 1.0′1	– 0.0821	– 3.9654′ – 2	– 0.0424
– 0.5′1	0.0022	– 2.0782′ – 2	0.0230
0.0′1	0.0000	0.0000	0.0000
0.5′1	– 0.0022	2.0782′ – 2	– 0.0230
1.0′1	0.0821	3.9654′ – 2	0.0424
1.5′1	0.0320	5.6863′ – 2	– 0.0249
2.0′1	0.0693	7.6968′ – 2	– 0.0077
2.5′1	0.1240	1.1100′ – 1	0.0130
3.0′1	0.1750	1.7861′ – 1	– 0.0036

PHI = 0.06378′ – 1

C (*I*) =

0.00000
4.23444′ – 3
0.00000
- 3.26549′ – 6
0.00000
5.75083′ – 9

Beispiel 4

Es liegen für 10 Abszissen 20 Meßwerte vor, die durch ein Polynom 2. und 3. Grades ausgeglichen werden sollen.

Ergebnisse:

Ausgleichspolynom

Zahl der Funktionswerte = 20

Grad des Polynoms = 1

X	Y	Y1	Y – Y1
– 3.0	2.4000	3.3333	– 0.9333
– 3.0	2.6000	3.3333	– 0.7333
– 2.0	2.9000	3.7000	– 0.8000
– 1.0	4.0000	4.0667	– 0.0667
– 1.0	3.8000	4.0667	– 0.2667

0.0	4.7000	4.4333	0.2667
0.0	4.6000	4.4333	0.1667
0.0	4.9000	4.4333	0.4667
1.0	5.2000	4.8000	0.4000
1.0	5.1000	4.8000	0.3000
2.0	6.0000	5.1667	0.8333
2.0	5.8000	5.1667	0.6333
3.0	6.6000	5.5333	1.0667
3.0	6.4000	5.5333	0.8667
4.0	6.9000	5.9000	1.0000
4.0	6.8000	5.9000	0.9000
5.0	6.0000	6.2667	− 0.2667
5.0	5.9000	6.2667	− 0.3667
6.0	4.8000	6.6333	− 1.8333
6.0	5.0000	6.6333	− 1.6333

PHI = 0.13720′2

C (*I*) = 4.43333

3.66667′ − 1

Grad des Polynoms = 2

X	Y	Y1	Y − Y1
− 3.0	2.4000	2.0359	0.3641
− 3.0	2.6000	2.0359	0.5641
− 2.0	2.9000	3.2033	− 0.3033
− 1.0	4.0000	4.1744	− 0.1744
− 1.0	3.8000	4.1744	− 0.3744
0.0	4.7000	4.9490	− 0.2490
0.0	4.6000	4.9490	− 0.3490
0.0	4.9000	4.9490	− 0.0490
1.0	5.2000	5.5273	− 0.3273
1.0	5.1000	5.5273	− 0.4273
2.0	6.0000	5.9092	0.0908
2.0	5.8000	5.9092	− 0.1092
3.0	6.6000	6.0947	0.5053
3.0	6.4000	6.0947	0.5053
4.0	6.9000	6.0838	0.8162
4.0	6.8000	6.0838	0.7162
5.0	6.0000	5.8766	0.1234
5.0	5.9000	5.8766	0.1234
6.0	4.8000	5.4729	− 0.6729
6.0	5.0000	5.4729	− 0.4729

PHI = 0.03429′2

C (*I*) = 4.94904

6.76471′ − 1

− 9.81936′ − 2

Grad des Polynoms = 3

X	Y	Y1	Y – Y1
– 3.0	2.4000	2.5284	– 0.1284
– 3.0	2.6000	2.5284	0.0716
– 2.0	2.9000	3.0272	– 0.1272
– 1.0	4.0000	3.7560	0.2440
– 1.0	3.8000	3.7560	0.0440
0.0	4.7000	4.5913	0.1087
0.0	4.6000	4.5913	0.0087
0.0	4.9000	4.5913	0.3087
1.0	5.2000	5.4098	– 0.2098
1.0	5.1000	5.4098	– 0.3098
2.0	6.0000	6.0881	– 0.0881
2.0	5.8000	6.0881	– 0.2881
3.0	6.6000	6.5031	0.0969
3.0	6.4000	6.5031	– 0.1031
4.0	6.9000	6.5312	0.3688
4.0	6.8000	6.5312	0.2688
5.0	6.0000	6.0492	– 0.0492
5.0	5.9000	6.0492	– 0.1492
6.0	4.8000	4.9337	– 0.1337
6.0	5.0000	4.9337	0.0663

PHI = 0.00713′2

C (*I*) =

4.59125
8.47448′ – 1
– 0.83902′ – 2
– 2.05563′ – 2

Die Quadratsumme Φ nimmt von 3,429 für den 2. Grad auf 0,713 für den 3. Grad ab, wodurch also eine deutliche Verbesserung erreicht wird (s. Abbildung 12).

Es sei noch darauf hingewiesen, daß in der von der Firma Siemens für die Datenverarbeitungsanlage Siemens 2002 herausgegebenen Programmbibliothek ein Programm, Nr. 182 „Trend einer Zeitreihe“ existiert, das mit Benutzung gespeicherter Tabellenwerte für äquidistante Argumente die ausgeglichenen Funktionswerte nach den im Teil 1 Abschnitt 2 entwickelten Verfahren liefert.

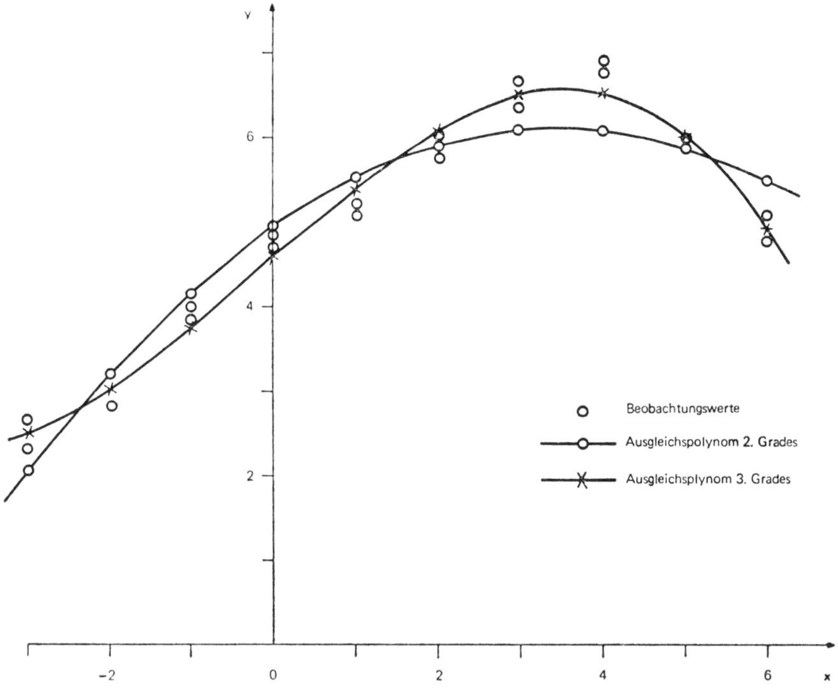

Bild 12

§ 5 Mathematische Entwicklungen

1. Rekursive Berechnung der Orthogonalpolynome

Es sind vorgegeben die n Abszissen x_i mit den Gewichten w_i, die ganz beliebig sein können, also nach § 1 weder äquidistant, noch geordnet, eventuell auch mehrfach angenommen werden dürfen. Es sei

(1) $$N = \sum_{i=1}^{n} w_i$$

Für die eingeführten normierten Orthogonalpolynome (manchmal auch als orthonormale Polynome bezeichnet) sollen folgende Orthogonalitäts- und Normierungsbedingungen gelten:

(2) $$(Z_p, Z_q) = \sum_{i=1}^{n} w_i \, Z_p(x_i) \, Z_q(x_i) = \begin{cases} 0 & p \neq q \\ N & p = q \end{cases}$$

Die Wahl der Norm $(Z_p, Z_p) = N$ ist an und für sich willkürlich, sie hat sich für die praktische Rechnung bewährt.

Zur Berechnung der einzelnen Polynome wird folgende Rekursionsformel angesetzt:

$$\boxed{Z_p(x) = (\alpha_{1p}\, x + \alpha_{2p})\, Z_{p-1}(x) + \alpha_{3p}\, Z_{p-2}(x)} \qquad p = 2, 3, \ldots \tag{3}$$

Diese Formel soll auch dem Aufbau dieses orthogonalen Funktionssystems dienen. Dazu ist erforderlich, daß man (3) in leicht einzusehender Weise für $p = 0$ und 1 ergänzt:

$$Z_0 = \alpha_{10} \tag{4.1}$$

$$Z_1(x) = (\alpha_{11}\, x + \alpha_{21})\, Z_0 \tag{4.2}$$

Wegen der Normierung und Orthogonalität müssen die Beziehungen

$$(Z_0, Z_0) = N$$
$$(Z_1, Z_0) = 0$$
$$(Z_1, Z_1) = N$$

erfüllt werden. Aus der ersten Gleichung folgt sofort

$$(Z_0, Z_0) = \sum_{i=1}^{n} w_i\, \alpha_{10}^2 = N$$

also

$$\alpha_{10} = 1\ . \tag{5.1}$$

Ebenso folgt aus der zweiten und dritten Gleichung

$$\frac{\alpha_{21}}{\alpha_{11}} = -\frac{1}{N}\sum_{i=1}^{n} w_i\, x_i$$

$$N \sum_{i=1}^{n} w_i\, x_i^2 - \left(\sum_{i=1}^{n} w_i\, x_i\right)^2 = \frac{N^2}{\alpha_{11}^2}$$

Setzt man

$$N_1^2 = N \sum_{i=1}^{n} w_i\, x_i^2 - \left(\sum_{i=1}^{n} w_i\, x_i\right)^2 \tag{5.2}$$

so erhält man für die Koeffizienten α_{11} und α_{21}

(5.3)
$$\alpha_{11} = \frac{N}{N_1}$$
$$\alpha_{21} = -\frac{1}{N_1}\sum_{i=1}^{n} w_i\, x_i$$

Damit sind die ersten beiden Polynome Z_0 und $Z_1(x)$ bestimmt. Soll die Rekursionsformel (3) gelten, so müssen erfüllt sein

$$(Z_p, Z_{p-1}) = (Z_p, Z_{p-2}) = 0, \quad (Z_p, Z_p) = N$$

Aus den ersten beiden Forderungen folgt

$$\frac{\alpha_{2p}}{\alpha_{1p}} = -\frac{1}{N}\sum_{i=1}^{n} w_i\, x_i\, Z_{p-1}^2$$

$$\frac{\alpha_{3p}}{\alpha_{1p}} = -\frac{1}{N}\sum_{i=1}^{n} w_i\, x_i\, Z_{p-1}(x_i)\, Z_{p-2}(x_i)$$

Aus der Normierung folgt

$$\frac{N^2}{\alpha_{1p}^2} = N - \sum_{i=1}^{n} w_i\, x_i^2\, Z_{p-1}^2(x_i) - \left[\sum_{i=1}^{n} w_i\, x_i\, Z_{p-1}^2(x_i)\right]^2 - \\ - \left[\sum_{i=1}^{n} w_i\, x_i\, Z_{p-1}(x_i)\, Z_{p-2}(x_i)\right]^2$$

Führt man entsprechend (5.2) ein

(7.1)
$$N_p^2 = N\sum_{i=1}^{n} w_i\, x_i^2\, Z_{p-1}^2(x_i) - \left[\sum_{i=1}^{n} w_i\, x_i\, Z_{p-1}^2(x_i)\right]^2 - \\ - \left[\sum_{i=1}^{n} w_i\, x_i\, Z_{p-1}(x_i)\, Z_{p-2}(x_i)\right]$$

so gilt

(7.2)
$$\alpha_{1p} = \frac{N}{N_p}$$

(7.3)
$$\alpha_{2p} = -\frac{1}{N_p}\sum_{i=1}^{n} w_i\, x_i\, Z_{p-1}^2(x_i)$$

(7.4)
$$\alpha_{3p} = -\frac{1}{N_p}\sum_{i=1}^{n} w_i\, x_i\, Z_{p-1}(x_i)\, Z_{p-2}(x_i)$$

Damit ist $Z_p(x)$ festgelegt, wenn $Z_{p-1}(x)$ und $Z_{p-2}(x)$ bekannt sind.

Nimmt man an, daß die Polynome $Z_q(x)$ für $q < p$ orthogonal und normiert sind, so muß noch gezeigt werden, daß

$$(Z_p, Z_q) = 0 \qquad \text{für } q < p - 2$$

Für $p = 3$ muß man also zeigen, daß $(Z_3, Z_0) = 0$ ist. Aus der Rekursionsformel, angewandt auf $Z_3(x)$ folgt, daß

$$\sum_{i=1}^{n} w_i\, x_i\, Z_2(x_i)\, Z_0 = 0$$

erfüllt sein muß. Aus (4.2) folgt

$$\alpha_{11}\, x\, Z_0 = Z_1(x) - \alpha_{21}$$

Setzt man dies in die vorhergehende Gleichung ein, so ist

$$\alpha_{11} \sum_{i=1}^{n} w_i\, x_i\, Z_2(x_i)\, Z_0 = \sum_{i=1}^{n} w_i\, Z_1(x_i)\, Z_2(x_i) - \alpha_{21} \sum_{i=1}^{n} w_i\, Z_2(x_i)\, Z_0 = 0$$

(w. z. b. w.)

Für beliebiges $p > 3$ folgt aus $(Z_p, Z_q) = 0$

$$\begin{aligned}(Z_p, Z_q) &= [(\alpha_{1p}\, x + \alpha_{2p})\, Z_{p-1} + \alpha_{3p}\, Z_{p-2}, Z_q] \\ &= \alpha_{1p} \sum_{i=1}^{n} w_i\, x_i\, Z_{p-1}(x)\, Z_q(x_i) + \alpha_{2p}\,(Z_{p-1}, Z_q) + \\ &\qquad + \alpha_{3p}\,(Z_{p-2}, Z_q) = 0\end{aligned}$$

d. h.

$$\sum_{i=1}^{n} w_i\, x_i\, Z_{p-1}(x_i)\, Z_q(x_i) = 0$$

Wenn $q < p - 2$, wie vorausgesetzt, so muß $(Z_{q+1}, Z_{p-1}) = 0$. Daraus folgt aber

$$\begin{aligned}(Z_{q+1}, Z_{p-1}) &= [(\alpha_{1,\,q+1}\, x + \alpha_{2,\,q+1})\, Z_q + \alpha_{3,\,q+1}\, Z_{q-1}, Z_{p-1}] \\ &= \alpha_{1,\,q+1} \sum_{i=1}^{n} w_i\, x_i\, Z_q(x_i)\, Z_{p-1}(x_i) + \alpha_{2,\,q+1}\,(Z_q, Z_{p-1}) + \\ &\qquad + \alpha_{3,\,q+1}\,(Z_{q-1}, Z_{p-1}) = 0\end{aligned}$$

Da für den zweiten und dritten Summanden die Orthogonalitätsbedingungen ohnehin erfüllt sind, muß also der erste Summand für sich verschwinden

$$\sum_{i=1}^{n} w_i\, x_i\, Z_q(x_i)\, Z_{p-1}(x_i) = 0 \qquad \text{(w. z. b. w.)}$$

Damit ist aber die Rekursionsformel für alle p bewiesen.

Bemerkung:

Da für $k > 0$, $(Z_k, Z_0) = 0$ sein muß und $Z_0 = 1$ ist, gilt also

$$\sum_{i=1}^{n} w_i Z_k(x_i) = 0 \tag{8}$$

Diese Beziehung ist als *Rechenkontrolle* geeignet.

2. Approximation von Beobachtungswerten

Für die vorgegebenen Argumente x_i und die Beobachtungswerte y_i, $i = 1, \ldots n$, soll als Approximationsfunktion ein Polynom vom Grade g als Linearkombination des für die Argumentwerte festgelegten Orthogonalsystems $Z_p(x)$, $p = 0, 1, \ldots, g$, angesetzt werden:

$$\bar{y}(x) = A_0 Z_0 + A_1 Z_1(x) + \ldots + A_g Z_g(x) \tag{9}$$

Die Koeffizienten A_j sollen nach der Methode der kleinsten Quadratsumme (Gauß) bestimmt werden. Für die Abweichungen

$$v_k = \bar{y}(x_k) - y_k \tag{10}$$

soll gelten:

$$\Phi = (v, v) = \sum_{i=1}^{n} w_k v_k^2 \overset{!}{=} \text{Min} \tag{11}$$

Die Minimalbedingungen sind

$$\frac{1}{2} \frac{\partial \Phi}{\partial A_j} = \sum_{i=1}^{n} w_i v_i Z_j(x_i) = \sum_{i=1}^{n} w_i (\bar{y}(x_i) - y_i) Z_j(x_i) = 0$$

Daraus folgt wegen der Orthogonalität

$$N A_j - \sum_{i=1}^{n} w_i y_i Z_j(x_i) = 0$$

oder

$$A_j = \frac{1}{N} \sum_{i-1}^{n} w_i y_i Z_j(x_i) \tag{13}$$

Zur Beurteilung der Güte der Approximation dient Φ_{Min}. Nach kurzer Zwischenrechnung ergibt sich

$$\Phi_{\text{Min}} = \sum_{i=1}^{n} w_i \left(\bar{y}(x_i) - y_i\right)^2 = \sum_{i=1}^{n} w_i y_i^2 - N\left(A_0^2 + A_1^2 + \ldots + A_g^2\right) . \tag{14}$$

Diese Beziehung tritt in ähnlicher Weise bei der Berechnung der Fourier-Koeffizienten auf. Da Φ laut Definition nicht negativ sein kann, gilt

$$A_0^2 + A_1^2 + \ldots + A_g^2 \leqq \frac{1}{N} \sum_{i=1}^{n} w_i y_i^2 \tag{14.1}$$

Dies ist die sog. „Besselsche Ungleichung".

3. Ordnen des Approximationspolynoms nach Potenzen von x und Interpolation

Um nach dem Hornerschen Schema das Ausgleichspolynom (9) an Stellen $x \neq x_k$ zu berechnen, wird es in die folgende Form gebracht:

$$\bar{y}(x) = C_0 + C_1 x + \ldots + C_g x^g . \tag{15}$$

Aus gleichem Grunde werden auch die Orthogonalpolynome $Z_p(x)$ Potenzen von x geordnet:

$$Z_p(x) = c_{0p} + c_{1p} x + \ldots c_{pp} x^p \tag{16}$$

Für die ersten beiden Polynome folgt aus (4.1) und (4.2)

$$\begin{aligned} c_{00} &= 1 \\ c_{01} &= \alpha_{21} \qquad c_{11} = \alpha_{11} \end{aligned} \tag{17}$$

Durch Anwendung der Rekursionsformel (3) folgt das Gleichungssystem für die Koeffizienten $c_{op}, \ldots, c_{pp}$:

$$\begin{aligned}
c_{0p} &= \phantom{\alpha_{1p} c_{0,p-1} +{}} \alpha_{2p} c_{0,p-1} + \alpha_{3p} c_{0,p-2} \\
c_{1p} &= \alpha_{1p} c_{0,p-1} + \alpha_{2p} c_{1,p-1} + \alpha_{3p} c_{1,p-2} \\
&\ldots\ldots\ldots\ldots\ldots\ldots\ldots\ldots \\
c_{kp} &= \alpha_{1p} c_{k-1,p-1} + \alpha_{2p} c_{k,p-1} + \alpha_{3p} c_{k,p-2} \\
&\ldots\ldots\ldots\ldots\ldots\ldots\ldots\ldots \\
c_{p-2,p} &= \alpha_{1p} c_{p-3,p-1} + \alpha_{2p} c_{p-2,p-1} + \alpha_{3p} c_{p-2,p-2} \\
c_{p-1,p} &= \alpha_{1p} c_{p-2,p-1} + \alpha_{2p} c_{p-1,p-1} \\
c_{p,p} &= \alpha_{1p} c_{p-1,p-1}
\end{aligned} \tag{18}$$

Wegen der Darstellung (9) folgt durch Zusammenfassung der entsprechenden Glieder

$$C_k = \sum_{i=k}^{g} c_{ki} A_i \tag{19}$$

In Matrizenschreibweise folgt die Darstellung:

$$\mathbf{c}_p = \begin{pmatrix} c_{0p} \\ \cdots \\ c_{pp} \end{pmatrix}, \quad \mathbf{a}_p = \begin{pmatrix} \alpha_{1p} \\ \alpha_{2p} \\ \alpha_{3p} \end{pmatrix} \tag{20.1}$$

$$\mathbf{C}_p = \begin{pmatrix} 0 & c_{0,p-1} & c_{0,p-2} \\ c_{0,p-1} & c_{1,p-1} & c_{1,p-2} \\ \cdots & \cdots & \cdots \\ c_{p-3,p-1} & c_{p-2,p-1} & c_{p-2,p-2} \\ c_{p-2,p-1} & c_{p-1,p-1} & 0 \\ c_{p-1,p-1} & 0 & 0 \end{pmatrix} \tag{20.2}$$

$$\mathbf{C}_p = \begin{pmatrix} 0 & \mathbf{c}_{p-1} & \mathbf{c}_{p-2} \\ & & 0 \\ \mathbf{c}_{p-1} & 0 & 0 \end{pmatrix}$$

Dann ist

$$\mathbf{c}_p = \mathbf{C}_p \, \mathbf{a}_p \tag{21}$$

Die Vektoren $\mathbf{c}_p$ lassen sich zu einer Dreiecksmatrix zusammenfassen

$$\mathbf{C} = \begin{pmatrix} c_{00} & c_{01} & c_{02} & \cdots & c_{0g} \\ & c_{11} & c_{12} & \cdots & c_{1g} \\ & & c_{22} & \cdots & c_{2g} \\ & & & \cdots\cdots & \\ 0 & & & & c_{gg} \end{pmatrix} = \begin{pmatrix} \mathbf{c}_0 & \mathbf{c}_1 & \mathbf{c}_2 & \cdots & \mathbf{c}_g \\ 0 & & & & \end{pmatrix} \tag{21.1}$$

Ist

$$\mathbf{a} = \begin{pmatrix} A_0 \\ \cdots \\ A_g \end{pmatrix} \qquad \mathbf{c} = \begin{pmatrix} C_0 \\ \cdots \\ C_p \end{pmatrix} \tag{21.2}$$

so ist

$$\mathbf{c} = \mathbf{C}\,\mathbf{a} \tag{22}$$

Zweiter Abschnitt

Ausgleichung in zwei Dimensionen

§ 6 Rechenprogramm

Für die zweidimensionale Ausgleichung soll eine ALGOL-Prozedur angegeben werden. Durch ein Hauptprogramm muß dann noch die Eingabe der gegebenen Daten und die Ausgabe der errechneten, ausgeglichenen Werte organisiert werden. Die Funktionswerte der Polynome werden nicht den Tabellen entnommen, sondern rekursiv wie im Eindimensionalen berechnet.

Programmbeschreibung:

Prozedur ZWDIMAUSGL

1. Zweck des Programms

Die gegebenen Beobachtungswerte Z_{KL}, $K = 1, \ldots, M$, $L = 1, \ldots, N$, sollen durch ein Ausgleichspolynom der beiden Veränderlichen x und y ausgeglichen werden

$$\begin{aligned}
Z_1(x_{K,L}) = {} & A_{00} \\
& + A_{10} X_1(x_K) + A_{01} Y_1(y_L) \\
& + A_{20} X_2(x_K) + A_{11} X_1(x_K) Y_1(y_L) + A_{02} Y_2(y_L) \\
& + A_{30} X_3(x_K) + A_{21} X_2(x_K) Y_1(y_L) + A_{12} X_1(x_k) Y_2(y_L) + A_{03} Y_3(y_L) \\
& + \ldots .
\end{aligned}$$

Als bekannt vorausgesetzt werden die Funktionswerte der Orthogonalpolynome; siehe Tabellenwerte!

$$X_I(x_K) = X_{IK} \qquad I = 1, 2, \ldots, P$$

$$Y_J(y_L) = Y_{JL} \qquad J = 1, 2, \ldots, Q$$

Dazu kann man noch setzen

$$X_0(x_K) = \overline{Y}_0(y_L) = 1$$

Es wird weiterhin vorausgesetzt

$$\boxed{P \leqq Q}$$

Durch Vertauschen von x und y kann diese Ungleichung stets erfüllt werden.

Nach der Methode der kleinsten Quadratsumme erhält man als Varianz

$$\sigma^2 = \frac{1}{M \cdot N} \sum_{K=1}^{M} \sum_{L=1}^{N} Z_{KL}^2 - \left(A_{00}^2 + A_{10}^2 + A_{01}^2 + A_{20}^2 + \dots\right)$$

2. Mathematische Methode

Für die den Tabellen entnommenen Polynomwerte gelten die Orthogonalitäts- und Normierungsbedingungen

$$\sum_{K=1}^{M} X_r(x_K)\, X_s(x_K) = \begin{cases} 0\,, & r \neq s \\ M\,, & r = s \end{cases}$$

$$\sum_{L=1}^{N} Y_u(y_L)\, Y_v(y_L) = \begin{cases} 0\,, & u \neq v \\ N\,, & u = v \end{cases}$$

Damit bestimmen sich die Koeffizienten A_{IJ} zu

$$A_{IJ} = \frac{1}{M \cdot N} \sum_{K=1}^{M} \sum_{L=1}^{N} Z_{KL}\, X_{IK}\, Y_{JL}$$

Ist $P < Q$, so werden folgende Koeffizienten bestimmt

$$\begin{array}{lllllll}
A_{00} \\
A_{10} & A_{01} \\
A_{20} & A_{11} & A_{02} \\
A_{30} & A_{21} & A_{12} & A_{03} \\
\multicolumn{4}{l}{\dots\dots\dots\dots\dots\dots} \\
A_{P,0} & A_{P-1,1} & A_{P-2,2} & \dots\dots & A_{0,P} \\
 & A_{P,1} & A_{P-1,2} & \dots\dots\dots & A_{0,P+1} \\
 & & A_{P,2} & \dots\dots\dots\dots & A_{0,P+2} \\
 & & \dots\dots\dots\dots\dots\dots \\
 & & & A_{P,Q-P} & \dots\dots\dots & A_{0,Q}\,.
\end{array}$$

Die Funktionswerte werden dann entsprechend berechnet

$$Z_1(x_K, y_L) = \sum_{I,J} A_{I,J}\, X_I(x_K)\, Y_J(y_L)$$

wobei über alle I, J entsprechend obigem Koeffizientenschema zu summieren ist.

3. Vereinbarung

ZWDIMAUSGL (*M, X, GX, N, Y, GY, Z, PHIMIN*);

Beschreibung der formalen Veränderlichen:

M Anzahl m der x_i-Werte
Typ: 'INTEGER'

X Feld der gegebenen x_i-Werte
Typ: 'ARRAY', Indizes: [1 : *M*]

GX Höchster Grad g_x der Polynome in x
Typ: 'INTEGER'

N Anzahl n der y_k-Werte
Typ: 'INTEGER'

Y Feld der gegebenen y_k-Werte
Typ: 'ARRAY', Indizes: [1 : *N*]

GY Höchster Grad g_y der Poynome in y
Typ: 'INTEGER'

Z Feld der gegebenen Funktionswerte z_{ik} und zugleich *nach* der Ausgleichung das Feld der ausgeglichenen Funktionswerte $\bar{z}_{ik}$
Typ: 'ARRAY', Indizes: [1 : *M*, 1 : *N*]

PHIMIN Summe der Fehlerquadrate $\Phi_{\min}$.
Typ: 'REAL'

Bemerkung:

Das vorher bereitgestellte Feld der Funktionswerte z_{ik} wird während der Rechnung von den ausgeglichenen Werten $\bar{z}_{ik}$ überschrieben, sie stehen also nach dem Verlassen der Prozedur nicht mehr zur Verfügung.

Programm: siehe Anhang 2

§ 7 Beispiele

Beispiel 1

Als Testbeispiel soll ein spezielles hyperbolisches Paraboloid berechnet werden, dessen beide Scharen der geradlinigen Erzeugenden parallel zu den Koordinatenebenen (xz) und (yz) liegen. Es ist durch ein windschiefes Viereck bestimmt. Hier sind aber 16 Punkte gegeben, die exakt auf dieser Fläche liegen.

Die Funktionswerte Z_{KL} gehören zu den Koordinaten

$$x_K \text{ bzw. } y_L = -3, -1, +1, +3$$

Da die Ausgleichsfläche 2. Grades die gegebenen Punkte exakt wiedergeben muß, müssen also

$$Z_1(x_K, y_L) = Z_{KL}$$
$$\sigma^2 = 0$$

und außerdem $A_{02} = A_{20} = 0$ sein. Dies ist auch tatsächlich erfüllt und σ^2 ist bis auf eine Größe, die aus den Abbrech- und Rundungsfehlern entstanden ist, ebenfalls Null[9].

Durchrechnung

Z (K, L)

1	− 4.0000	− 2.0000	0.0000	2.0000
2	− 5.0000	− 2.0000	1.0000	4.0000
3	− 6.0000	− 2.0000	2.0000	6.0000
4	− 7.0000	− 2.0000	3.0000	8.0000

I, J	A (I, J)
00	− 2.500000000′ − 1
10	5.590162500′ − 1
01	3.913113750
20	0
11	1.249996672
02	0

Sigma 2 = 0.000004993′ + 1

Z1 (K, L)

1	− 4.0000	− 2.0000	− 0.0000	2.0000
2	− 5.0000	− 2.0000	1.0000	4.0000
3	− 6.0000	− 2.0000	2.0000	6.0000
4	− 7.0000	− 2.0000	3.0000	8.0000

Beispiel 2

Das im Teil 1, Abschnitt 1 behandelte Beispiel für die Sterbehäufigkeit von Invaliden in Abhängigkeit von Lebensalter und Invaliditätsdauer soll hier wiederholt werden.

Es ist hier $M = 11$, $N = 12$ und die Polynomgrade sind $P = Q = 4$.

Durchrechnung: Seiten 122—124.

---

[9] Es bedeuten: $Z_{KL} = Z(K, L)$, $Z_I(x_K, y_L) = Z1(K, L)$, $A_{IJ} = A(I, J)$, σ^2 = Sigma 2 (auch in Beispiel 2).

Gegebene Werte:

$Z(K, L)$

1	1[10]	3.1800′2	2.1454′2	1.4407′2	1.0740′2	9.9720′1	9.0000′1	7.6230′1	6.3680′1	5.7550′1
1	10	5.4200′1	4.8000′1							
2	1	2.7143′2	1.7294′2	1.1436′2	8.4240′1	7.7200′1	6.9600′1	6.0480′1	5.3620′1	5.0640′1
2	10	5.2880′1	4.6680′1							
3	1	2.3146′2	1.4938′2	9.2120′1	7.1080′1	5.5440′1	5.0120′1	4.5800′1	4.0920′1	4.2960′1
3	10	4.4160′1	4.3340′1							
4	1	2.0038′2	1.2488′2	8.2040′1	5.6000′1	4.6400′1	3.9480′1	3.7000′1	3.5760′1	3.5520′1
4	10	3.8600′1	3.9160′1							
5	1	1.7941′2	1.1022′2	6.7800′1	5.2160′1	4.1960′1	3.8160′1	3.5240′1	3.5760′1	3.5360′1
5	10	3.6280′1	3.8010′1							
6	1	1.6386′2	1.0006′2	6.3640′1	4.7360′1	4.1720′1	3.8240′1	3.8600′1	3.7000′1	3.8880′1
6	10	3.8460′1	3.8670′1							
7	1	1.4847′2	9.2460′1	5.7840′1	4.5160′1	4.0560′1	4.0120′1	3.9920′1	4.2200′1	4.0400′1
7	10	4.0940′1	4.1080′1							
8	1	1.2787′2	8.0640′1	5.2920′1	4.2400′1	4.0520′1	4.1440′1	4.4040′1	4.3720′1	4.4880′1
8	10	4.2460′1	4.4880′1							
9	1	1.0043′2	6.5200′1	4.5360′1	3.9880′1	4.0800′1	4.4080′1	4.7520′1	5.0320′1	5.0240′1
9	10	5.1060′1	5.2900′1							
10	1	7.3750′1	4.8460′1	3.8600′1	3.9840′1	4.2640′1	4.7720′1	5.2640′1	5.7000′1	6.0400′1
10	10	6.2100′1	6.6380′1							
11	1	6.2470′1	4.4040′1	4.2680′1	4.7200′1	5.2060′1	5.4360′1	6.0360′1	6.6760′1	7.2440′1
11	10	7.8520′1	8.7610′1							
12	1	7.1000′1	5.8440′1	5.7170′1	6.3630′1	6.6920′1	6.8330′1	7.2500′1	8.0660′1	8.9510′1
12	10	1.0060′2	1.1500′2							

[10] 1. Spalte: Index K, 2. Spalte: Index L für die Elemente der 3. Spalte.

Koeffizienten der Ausgleichung:

I, J	*A (I, J)*
00	6.947583333′ + 1
10	− 1.216347147′ + 1
01	− 2.359986660′ + 1
20	1.360472597′ + 1
11	2.478836118′ + 1
02	2.036381277′ + 1
30	− 0.791706636
21	− 0.010739212
12	− 9.812703258
03	− 1.037989980′ + 1
40	2.677703811
31	1.584602788
22	0.181660379
13	4.847983388
04	4.218298842
Sigma 2 =	0.016836335′ + 3

Die Rechenzeit mit Ein- und Ausgabe (ohne Programmeingabe und Übersetzung) betrug

1′ 50″

Ausgeglichene Fläche 4. Grades

Z1 (*K*, *L*)

1	1^{10}	3.1511′2	2.1442′2	1.5021′2	1.1212′2	0.9141′2	0.8103′2	0.7557′2	7.1262′1	6.6011′1
1	10	5.9369′1	5.2543′1							
2	1	2.6811′2	1.7620′2	1.1866′2	0.8549′2	0.6832′2	6.0428′1	5.6771′1	5.3945′1	5.0204′1
2	10	4.5455′1	4.1262′1							
3	1	2.3222′2	1.4861′2	0.9729′2	0.6858′2	5.4488′1	4.8650′1	4.6368′1	4.4598′1	4.1950′1
3	10	3.8685′1	3.6724′1							
4	1	2.0389′2	1.2822′2	0.8273′2	5.8137′1	4.6772′1	4.2642′1	4.1401′1	4.0359′1	3.8484′1
4	10	3.6392′1	3.6358′1							
5	1	1.8032′2	1.1229′2	7.2384′1	5.1633′1	4.2745′1	4.0075′1	3.9636′1	3.9093′1	3.7767′1
5	10	3.6632′1	3.8318′1							
6	1	1.5941′2	0.9886′2	6.4345′1	4.7275′1	4.0705′1	3.9347′1	3.9567′1	3.9388′1	3.8485′1
6	10	3.8188′1	4.1484′1							
7	1	1.3980′2	8.6635′1	5.7446′1	4.3989′1	3.9677′1	3.9577′1	4.0412′1	4.0559′1	4.0050′1
7	10	4.0570′1	4.5461′1							
8	1	1.2035′2	7.5092′1	5.1246′1	4.1430′1	3.9411′1	4.0613′1	4.2114′1	4.2647′1	4.2599′1
8	10	4.4012′1	5.0581′1							
9	1	1.0236′2	6.4411′1	4.6026′1	3.9975′1	4.0383′1	4.3028′1	4.5344′1	4.6419′1	4.6996′1
9	10	4.9472′1	5.7900′1							
10	1	8.6036′1	5.5505′1	4.2795′1	4.0731′1	4.3795′1	4.8120′1	5.1496′1	5.3366′1	5.4829′1
10	10	5.8638′1	6.9199′1							
11	1	0.7252′2	5.0010′1	4.3285′1	4.5528′1	5.1574′1	5.7913′1	6.2691′1	6.5706′1	6.8412′1
11	10	7.3918′1	0.8699′2							
12	1	0.6438′2	0.5029′2	4.9956′1	5.6920′1	6.6372′1	7.5157′1	8.1775′1	8.6381′1	0.9079′2
12	10	0.9845′2	1.1450′2							

Anhang zum Zweiten Teil

Anhang 1

```
'BEGIN'
'COMMENT' AUSGLEICHUNG DURCH ORTHOGONALPOLYNOME MIT BERECHNUNG DER
          KOEFFIZIENTEN UND INTERPOLATION FUER BELIEBIGE ARGUMENTE.,

'REAL'XO,XA,XE,H,S1,S2,PHI,NENN,T1,T2,T3,ALFA1,ALFA2,ALFA3,X2,Y2.,
'INTEGER'N,G,FALL,DRUCK,M,I,K,DEZX,DEZY,DEZC,SZ.,

'PROCEDURE'SDGKZ(Z,N).,
        'VALUE'Z.,     'REAL'Z.,   'INTEGER'N.,  'CODE'.,

'PROCEDURE' STOP.,      'CODE'.,

'PROCEDURE' AUSG(N,G1,XO,X,Y,Y1,DELTA,DEZX,DEZY,DEZC,PHI,C1).,
'VALUE'G1,XO,DEZX,DEZY,DEZC,N.,
'REAL'XO,DEZX,DEZY,DEZC,PHI.,
'INTEGER'G1,N.,
'ARRAY'X,Y,Y1,DELTA,C1.,
'BEGIN'  'INTEGER'K.,          OUTPUT(20,''/'').,
WRITE(''GRAD DES POLYNOMS = '').,
TYPE(G1).,             OUTPUT(20,''/'').,
'IF' XO 'EQUAL' 0 'THEN'
    WRITE(''  X,  Y,  Y1,  Y-Y1 = '')
'ELSE'
    WRITE(''  X-XO,  Y,  Y1,  Y-Y1 ='').,    OUTPUT(20,''/'').,
'FOR' K.=1 'STEP' 1 'UNTIL' N 'DO'
  'BEGIN'     SDGKZ(X(/K/),DEZX).,
              SDGKZ(Y(/K/),DEZY).,
              SDGKZ(Y1(/K/)*1.0,DEZY).,
              SDGKZ(DELTA(/K/),DEZY)..     WRITE(''
'').,    'END'.,    WRITE(''
PHI = '').,         SDGKZ(PHI,DEZC).,      WRITE(''

C(I) =

'').,    'FOR' K.=0 'STEP' 1 'UNTIL' G1 'DO'
         'BEGIN'        SDGKZ(C1(/K/),DEZC).,     WRITE(''
'').,    'END'.,
'END'.,

'COMMENT'     DATENEINGABE  .,

1..     READ(N,G,FALL,DRUCK,DEZX,DEZY).,
    DEZC.= DEZY + 1.,
    WRITE(''
         AUSGLEICHSPOLYNOM

ZAHL DER FUNKTIONSWERTE = '').,     TYPE(N).,
    OUTPUT(20,''/'').,         READ(XO).,
         'IF' XO 'NOTEQUAL' 0 'THEN'  'BEGIN'  WRITE(''
XO = '').,    SDGKZ(XO,DEZX).,     OUTPUT(20,''/'')., 'END'.,
'BEGIN'
    'ARRAY'X,Y,Y1,DELTA(/1..N/),C(/0..G,0..G/),Z(/0..G,1..N/),
          A,C1(/0..G/),D(/1..G+1,1..3/).,
    'IF'FALL'EQUAL'1'THEN'
         'BEGIN'      READ(XA,XE).,
         H.=(XE-XA)/(N-1).,
     'FOR' K.=1 'STEP' 1 'UNTIL' N 'DO'
    'BEGIN'     X(/K/) .= XA+(K-1)*H.,
    READ(Y(/K/)).,          'END'.,       'END'
    'ELSE'      'FOR' K.=1 'STEP' 1 'UNTIL' N 'DO'
         READ(X(/K/),Y(/K/)).,
         'IF'XO'NOTEQUAL'0'THEN'   'FOR'K.=1'STEP'1'UNTIL' N'DO'
                   X(/K/).=(X(/K/)-XO)*1.0.,
    READ(SZ).,
    'IF' SZ 'NOTEQUAL' -1 'THEN'  'GOTO' FINIS.,
```

```
'COMMENT'  POLYNOME NULLTER UND ERSTER ORDNUNG

S1.= S2.= PHI.= A(/0/).= A(/1/).= 0.,
'FOR' K .=1 'STEP' 1'UNTIL' N 'DO'
    'BEGIN'       S1.= S1+ X(/K/).,
                S2 .= S2 +X(/K/)*X(/K/).,
          PHI.=PHI+Y(/K/)*Y(/K/).,       'END'.,
    NENN.=SQRT(N*S2-S1*S1).,
    C(/0,1/).= -S1/NENN.,         C(/0,0/).=1.,
    C(/1,1/).=N/NENN.,
     'FOR' K.=1 'STEP' 1 'UNTIL' N 'DO'
          'BEGIN'                 Z(/0,K/).=1.,
                                  Z(/1,K/).=C(/0,1/)+C(/1,1/)*X(/K/).,
                    A(/0/).=A(/0/)+Y(/K/).,
                    A(/1/).=A(/1/) + Y(/K/)*Z(/1,K/).,   'END'.,
          A(/0/).=A(/0/)/N.,              A(/1/).=A(/1/)/N.,
          PHI.=PHI-(A(/0/)*A(/0/)+A(/1/)*A(/1/))*N.,
    'FOR' K.=1 'STEP' 1 'UNTIL'  N 'DO'
          'BEGIN'           Y1(/K/).=A(/0/)+A(/1/)*Z(/1,K/).,
                    DELTA(/K/).= Y(/K/)-Y1(/K/).,          'END'.,
    C1(/0/).=A(/0/)*C(/0,0/)+A(/1/)*C(/0,1/).,
     C1(/1/).=A(/1/)*C(/1,1/).,
    'IF' DRUCK 'NOTEQUAL' 0 'THEN'
          AUSG(N,1,X0,X,Y,Y1,DELTA,DEZX,DEZY,DEZC,PHI,C1).,
    OUTPUT(20,''/'').,

'COMMENT'  POLYNOME ZWEITER BIS G-TER ORDNUNG.,

'IF' G 'NOTEQUAL' 1 'THEN'
'BEGIN'  'FOR' I.=2 'STEP' 1 'UNTIL' G 'DO'
    'BEGIN'      A(/I/).= T1.= T2.= T3.= C1(/I/).= 0.,
          'FOR'  K.=1 'STEP' 1 'UNTIL' N 'DO'
          'BEGIN'  T1.= T1 + X(/K/)*X(/K/)*Z(/I-1,K/)*Z(/I-1,K/).,
                    T2.= T2 +X(/K/)*Z(/I-1,K/)*Z(/I-1,K/).,
                    T3.= T3 + X(/K/)*Z(/I-1,K/)*Z(/I-2,K/).,  'END'.,
          NENN.=SQRT(N*T1-T2*T2-T3*T3).,
          ALFA1.= N/NENN.,
          ALFA2.= -T2/NENN.,
          ALFA3 .= -T3/NENN.,
    'FOR' K.=1 'STEP' 1 'UNTIL' N 'DO'
    'BEGIN'
    Z(/I,K/).= (ALFA1*X(/K/) +ALFA2)*Z(/I-1,K/) +ALFA3*Z(/I-2,K/).,
                    A(/I/).=A(/I/)+Y(/K/)*Z(/I,K/).,            'END'.,
    A(/I/) .= A(/I/)/N.,
    'FOR' K.=1 'STEP'  1 'UNTIL' N 'DO'
    'BEGIN'         Y1(/K/).=Y1(/K/) + A(/I/)*Z(/I,K/).,
          DELTA(/K/).= Y(/K/) - Y1(/K/).,          'END'.,
    PHI.= PHI - N*A(/I/)*A(/I/).,
    'FOR' K.=0 'STEP' 1 'UNTIL' I-1 'DO'
    'BEGIN'        D(/K+2,1/).= C(/K,I-1/).,
                   D(/K+1,2/).=C(/K,I-1/).,
                   D(/K+1,3/).=C(/K,I-2/).,              'END'.,
    D(/1,1/).=D(/I+1,2/).=D(/I,3/).=D(/I+1,3/).= 0.,
    'FOR' K.=0 'STEP' 1 'UNTIL' I 'DO'
    C(/K,I/).= ALFA1*D(/K+1,1/)+ALFA2*D(/K+1,2/)+ALFA3*D(/K+1,3/).,
    'FOR' K.=0 'STEP' 1 'UNTIL' I 'DO'
          C1(/K/).= C1(/K/)+A(/I/)*C(/K,I/).,
    'IF' DRUCK 'NOTEQUAL' 0 'THEN'
    AUSG(N,I,X0,X,Y,Y1,DELTA,DEZX,DEZY,DEZC,PHI,C1)., 'END'.,  'END'.,
    'IF' DRUCK 'EQUAL' 0 'THEN'
          AUSG(N,G,X0,X,Y,Y1,DELTA,DEZX,DEZY,DEZC,PHI,C1).,
```

```
'COMMENT'   INTERPOLATION FUER BELIEBIGE ARGUMENTE.,

READ(M).,
    'IF' M 'NOTEQUAL' 0 'THEN'
    'BEGIN'          WRITE(''

  X,  Y2 =  '').,         OUTPUT(20,''/'').,
    'FOR' I.=1 'STEP' 1 'UNTIL' M 'DO'
    'BEGIN'          READ(X2).,
         Y2.= C1(/G/).,
         'FOR' K.=G-1 'STEP' -1 'UNTIL' 0 'DO'
         Y2.= Y2*X2 + C1(/K/).,
         SDGKZ(X2,DEZX).,       SDGKZ(Y2,DEZY).,          WRITE(''
'').,       'END'.,             READ(SZ).,
    'IF' SZ 'NOTEQUAL' -1 'THEN'  'GOTO'        FINIS.,
    'END'.,        OUTPUT(20,''//'').,
     'END'.,
FINIS..    STOP.,         'GOTO' 1.,            'END'.,
```

Anhang 2

```
'PROCEDURE' ZWDIMAUSGL(M,X,GX,N,Y,GY,Z,PHIMIN).,
        'VALUE' M,N,GX,GY.,
        'REAL' PHIMIN.,
        'INTEGER' M,N,GX,GY.,
        'ARRAY' X,Y,Z.,
```

```
'COMMENT' PROCEDURE 14
    ZWEIDIMENSIONALE AUSGLEICHUNG IM
    RECHTECKNETZ DURCH ORTHOGONALPOLYNOME.,
```

```
'BEGIN' 'INTEGER' I,K,P,Q.,
        'ARRAY' A(/0..GX,0..GY/),PHI(/0..GX,1..M/),
                PSI(/0..GY,1..N/).,
'PROCEDURE' POLYNOM(N,X,G,Z1).,
        'VALUE' N,G.,
        'INTEGER' N,G.,
        'ARRAY' X,Z1.,
'BEGIN' 'REAL' S1,S2,NENN,ALFA1,ALFA2,ALFA3.,
        'INTEGER' I,K.,
        'ARRAY' C1(/0..G,0..G/).,
        S1.=S2.=0.,
        'FOR' K.=1 'STEP' 1 'UNTIL' N 'DO'
        'BEGIN' S1.=S1+X(/K/).,
                S2.=S2+X(/K/)*X(/K/)
        'END'.,
        C1(/0,0/).=1.,
        NENN.=SQRT(N*S2-S1*S1).,
        C1(/0,1/).=-S1/NENN.,
        C1(/1,1/).=N/NENN.,
        'FOR' K.=1 'STEP' 1 'UNTIL' N 'DO'
        'BEGIN' Z1(/0,K/).=C1(/0,0/).,
                Z1(/1,K/).=C1(/0,1/)+C1(/1,1/)*X(/K/)
        'END'.,
        'IF' G 'NOTEQUAL' 1 'THEN'
        'BEGIN' 'FOR' I.=2 'STEP' 1 'UNTIL' G 'DO'
                'BEGIN' ALFA1.=ALFA2.=ALFA3.=0.,
                        'FOR' K.=1 'STEP' 1 'UNTIL' N 'DO'
                        'BEGIN' ALFA1.=ALFA1+X(/K/)*X(/K/)*
                                        Z1(/I-1,K/)*Z1(/I-1,K/).,
                                ALFA2.=ALFA2+X(/K/)*
                                        Z1(/I-1,K/)*Z1(/I-1,K/).,
                                ALFA3.=ALFA3+X(/K/)*
                                        Z1(/I-1,K/)*Z1(/I-2,K/)
                        'END'.,
                        NENN.=SQRT(N*ALFA1-ALFA2*ALFA2-
                                   ALFA3*ALFA3).,
                        ALFA1.=N/NENN.,
                        ALFA2.=-ALFA2/NENN.,
                        ALFA3.=-ALFA3/NENN.,
                        'FOR' K.=1 'STEP' 1 'UNTIL' N 'DO'
                              Z1(/I,K/).=(ALFA1*X(/K/)+ALFA2)*
                                         Z1(/I-1,K/)+ALFA3*
                                         Z1(/I-2,K/)
                'END'
        'END'
'END'.,
        POLYNOM(M,X,GX,PHI).,
        POLYNOM(N,Y,GY,PSI).,
        'FOR' P.=0 'STEP' 1 'UNTIL' GX 'DO'
        'FOR' Q.=0 'STEP' 1 'UNTIL' GY-P 'DO'
        'BEGIN' A(/P,Q/).=0.,
                'FOR' I.=1 'STEP' 1 'UNTIL' M 'DO'
                'FOR' K.=1 'STEP' 1 'UNTIL' N 'DO'
                      A(/P,Q/).=A(/P,Q/)+Z(/I,K/)*PHI(/P,I/)*PSI(/Q,K/).,
                A(/P,Q/).=A(/P,Q/)/(M*N)
        'END'.,
        PHIMIN.=0.,
```

```
        'FOR' P.=0 'STEP' 1 'UNTIL' GX 'DO'
        'FOR' Q.=0 'STEP' 1 'UNTIL' GY-P 'DO'
             PHIMIN.=PHIMIN-A(/P,Q/)*A(/P,Q/).,
        PHIMIN.=PHIMIN*M*N.,
        'FOR' I.=1 'STEP' 1 'UNTIL' M 'DO'
        'FOR' K.=1 'STEP' 1 'UNTIL' N 'DO'
             PHIMIN.=PHIMIN+Z(/I,K/)*Z(/I,K/).,
        'IF' PHIMIN 'LESS' 0 'THEN'
             PHIMIN.=0.,
        'FOR' I.=1 'STEP' 1 'UNTIL' M 'DO'
        'FOR' K.=1 'STEP' 1 'UNTIL' N 'DO'
        'BEGIN' Z(/I,K/).=0.,
                  'FOR' P.=0 'STEP' 1 'UNTIL' GX 'DO'
                  'FOR' Q.=0 'STEP' 1 'UNTIL' GY-P 'DO'
                        Z(/I,K/).=Z(/I,K/)+A(/P,Q/)*PHI(/P,I/)*PSI(/Q,K/)
        'END'
'END' ZWDIMAUSGL.,
                                                                      ENDE
```

DRITTER TEIL

Tabellenwerk

Von Professor Dr. Paul Lorenz, Berlin

Die Funktionen X_i.[1]

N ungerade

x	X_2	X_3	X_4	X_5	X_6
$N = 3$			$X_1(1) = 1,2247449$		
0	—1,41421				
1	0,70711				
Σ	—0,70710				
$N = 5$			$X_1(1) = 0,7071068$		
0	—1,19523	0,00000	1,60357		
1	—0,59761	—1,41421	—1,06905		
2	1,19523	0,70711	0,26726		
Σ	—0,59761	—0,70710	0,80178		
$N = 7$			$X_1(1) = 0,5000000$		
0	—1,15470	0,00000	1,27920	0,00000	—1,74078
1	—0,86603	—1,08012	0,21320	1,44338	1,30558
2	0,00000	—1,08012	—1,49241	—1,15470	—0,52223
3	1,44338	1,08012	0,63960	0,28868	0,08704
Σ	—0,57735	—1,08012	0,63959	0,57736	—0,87039
$N = 9$			$X_1(1) = 0,3872983$		
0	—1,13961	0,00000	1,20687	0,00000	—1,34840
1	—0,96866	—0,85812	0,60344	1,24808	0,06742
2	—0,45584	—1,23950	—0,73753	0,55470	1,48324
3	0,39886	—0,66742	—1,40802	—1,52543	—1,14614
4	1,59545	1,33485	0,93868	0,55470	0,26968
Σ	—0,56980	—1,43019	0,60344	0,83205	—0,67420
$N = 11$			$X_1(1) = 0,3162278$		
0	—1,13228	0,00000	1,17670	0,00000	—1,25245
1	—1,01905	—0,70892	0,78446	1,06217	—0,37573
2	—0,67937	—1,16465	—0,19612	1,06217	1,12720
3	—0,11323	—1,11401	—1,17670	—0,26554	0,90803
4	0,67937	—0,30382	—1,17670	—1,59326	—1,50294
5	1,69842	1,51911	1,17670	0,79663	0,46967
Σ	—0,56614	—1,77229	0,58834	1,06217	—0,62622
$N = 13$			$X_1(1) = 0,2672612$		
0	—1,12815	0,00000	1,16086	0,00000	—1,20977
1	—1,04757	—0,60302	0,88446	0,91670	—0,60489
2	—0,80582	—1,05529	0,15202	1,19171	0,66538
3	—0,40291	—1,20605	—0,74627	0,50418	1,30051
4	0,16116	—0,90453	—1,32670	—0,82503	0,24195
5	0,88640	0,00000	—0,91210	—1,51255	—1,66344
6	1,77281	1,65831	1,36815	1,00837	0,66538
Σ	—0,56408	—2,11058	0,58043	1,28338	—0,60488
$N = 15$			$X_1(1) = 0,2314550$		
0	—1,12560	0,00000	1,15142	0,00000	—1,18628
1	—1,06530	—0,52430	0,94581	0,80367	—0,74143
2	—0,88440	—0,95150	0,38228	1,19062	0,29657
3	—0,58290	—1,18452	—0,37924	0,89415	1,16849
4	—0,16080	—1,12627	—1,07222	—0,05239	1,04393
5	0,38190	—0,67964	—1,32352	—1,16561	—0,32623
6	1,04520	0,25244	—0,65339	—1,36207	—1,69638
7	1,82909	1,76707	1,52457	1,19181	0,84819
Σ	—0,56281	—2,44672	0,57571	1,50018	—0,59314

N gerade

$2x$	X_2	X_3	X_4	X_5	X_6
$N = 4$			$X_1(1) = 0,4472136$		
1	—1,00000	—1,34164			
3	1,00000	0,44721			
Σ	0	—0,89443			
$N = 6$			$X_1(1) = 0,2927700$		
1	—1,06905	—0,73030	0,92582	1,54303	
3	—0,26726	—1,27802	—1,38873	—0,77152	
5	1,33631	0,91287	0,46291	0,15430	
Σ	0	—1,09545	0	0,92581	
$N = 8$			$X_1(1) = 0,2182179$		
1	—1,09109	—0,52223	1,02564	0,90784	—0,87039
3	—0,65465	—1,21854	—0,34188	1,02889	1,56670
5	0,21822	—0,87039	—1,48149	—1,39202	—0,87039
7	1,52752	1,21854	0,79772	0,42366	0,17408
Σ	0	—1,39262	— 1	0,96837	0
$N = 10$			$X_1(1) = 0,1740777$		
1	—1,10096	—0,40967	1,06436	0,67937	—0,98473
3	—0,82572	—1,05832	0,17739	1,24550	0,73855
5	—0,27524	—1,19488	—1,00523	0,11323	1,23091
7	0,55048	—0,47795	—1,30089	—1,58519	—1,35401
9	1,65145	1,43386	1,06436	0,67937	0,36927
Σ	1	—1,70696	— 1	1,13228	— 1
$N = 12$			$X_1(1) = 0,1448414$		
1	—1,10624	—0,33796	1,08389	0,54924	—1,03418
3	—0,91660	—0,91733	0,46453	1,20832	0,20684
5	—0,53732	—1,20701	—0,50324	0,79639	1,29272
7	0,03161	—1,01389	—1,27745	—0,57670	0,56880
9	0,79017	—0,14484	—1,04518	—1,56532	—1,60297
11	1,73838	1,59326	1,27745	0,90624	0,56880
Σ	0	—2,02777	0	1,31817	1
$N = 14$			$X_1(1) = 0,1240347$		
1	—1,10940	—0,28797	1,09522	0,46297	—1,06104
3	—0,97073	—0,80393	0,63888	1,11883	—0,13263
5	—0,69338	—1,13990	—0,13183	1,07254	0,98146
7	—0,27735	—1,17589	—0,93297	0,21605	1,20428
9	0,27735	—0,79193	—1,33860	—1,01852	—0,05836
11	0,97073	0,13199	—0,78085	—1,44291	—1,69236
13	1,80278	1,71584	1,45015	1,10340	0,75864
Σ	0	—2,35179	0	1,51236	— 1
$N = 16$			$X_1(1) = 0,1084652$		
1	—1,11144	—0,25103	1,10240	0,40094	—1,07749
3	—1,00559	—0,71324	0,75243	1,02462	—0,35916
5	—0,79388	—1,05591	0,13415	1,16718	0,64650
7	—0,47633	—1,19936	—0,58911	0,68605	1,24989
9	—0,05293	—1,06388	—1,17240	—0,29402	0,84763
11	0,47633	—0,56979	—1,28905	—1,27410	—0,56030
13	1,11144	0,36260	—0,53079	—1,27410	—1,68089
15	1,85240	1,81298	1,59236	1,27410	0,93383
Σ	0	—2,67763	— 1	1,71067	1

[1]) Man beachte, daß $X_1(2) = 2X_1(1)$, $X_1(3) = 3X_1(1)$ usw. ist. Die Werte des Trends ersten Grades sind also

bei ungeraden N: a_0 $\quad a_0 \pm a_1 X_1(1)$ $\quad a_0 \pm 2 \cdot a_1 X_1(1)$ $\quad a_0 \pm 3 \cdot a_1 X_1(1) \cdots a_0 \pm \frac{N-1}{2} a_1 X_1(1)$

bei geraden N: $a_0 \pm a_1 X_1(1)$ $\quad a_0 \pm 3 \cdot a_1 X_1(1)$ $\quad a_0 \pm 5 \cdot a_1 X_1(1) \cdots a_0 \pm (N-1) a_1 X_1(1)$.

	N ungerade						*N* gerade				
x	X_2	X_3	X_4	X_5	X_6	$2x$	X_2	X_3	X_4	X_5	X_6
	$N = 17$			$X_1(1) = 0{,}2041241$			$N = 18$			$X_1(1) = 0{,}0963739$	
0	—1,12390	0,00000	1,14531	0,00000	—1,17175	1	—1,11283	—0,22257	1,10725	0,35396	—1,08837
1	—1,07707	—0,46359	0,98624	0,71435	—0,82999	3	—1,02937	—0,63988	0,83044	0,93800	—0,51698
2	—0,93659	—0,86095	0,54084	1,14295	0,01953	5	—0,86244	—0,97373	0,32714	1,17933	0,35867
3	—0,70244	—1,12585	—0,09544	1,07801	0,90811	7	—0,61206	—1,16847	—0,30198	0,94604	1,08590
4	—0,37463	—1,19208	—0,76354	0,46757	1,24987	9	—0,27821	—1,16847	—0,90593	0,25099	1,18979
5	0,04683	—0,99340	—1,24076	—0,50654	0,63470	11	0,13910	—0,91808	—1,28341	—0,69022	0,41803
6	0,56195	—0,46359	—1,24076	—1,35076	—0,76164	13	0,63988	—0,36167	—1,18275	—1,40137	—0,93253
7	1,17073	0,46359	—0,41359	—1,18192	—1,65021	15	1,22411	0,55641	—0,30198	—1,08763	—1,60782
8	1,87317	1,85434	1,65434	1,35076	1,01552	17	1,89181	1,89181	1,71121	1,42228	1,09332
Σ	—0,56195	—2,78153	0,57264	1,71442	—0,58586	Σ	— 1	—3,00465	— 1	1,91138	1
	$N = 19$			$X_1(1) = 0{,}1825742$			$N = 20$			$X_1(1) = 0{,}0867110$	
0	—1,12272	0,00000	1,14112	0,00000	—1,16206	1	—1,11382	—0,19995	1,11068	0,31704	—1,09596
1	—1,08530	—0,41539	1,01433	0,64235	—0,89091	3	—1,04632	—0,57964	0,88630	0,86146	—0,63101
2	—0,97303	—0,78358	0,65413	1,08032	—0,18839	5	—0,91131	—0,89875	0,47026	1,15369	0,12454
3	—0,78591	—1,05736	0,12103	1,15332	0,64177	7	—0,70880	—1,11687	—0,07199	1,08163	0,86412
4	—0,52394	—1,18953	—0,48411	0,78834	1,19023	9	—0,43878	—1,19362	—0,64229	0,61728	1,23328
5	—0,18712	—1,13288	—1,02009	0,04380	1,08723	11	—0,10126	—1,08860	—1,10975	—0,14972	0,95609
6	0,22454	—0,84022	—1,30537	—0,84674	0,20600	13	0,30377	—0,76141	—1,31076	—0,97835	0,00383
7	0,71106	—0,26434	—1,11807	—1,43069	—1,07579	15	0,77630	—0,17167	—1,04898	—1,44271	—1,19432
8	1,27242	0,64197	—0,19595	—0,99273	—1,55646	17	1,31634	0,72102	—0,09536	—0,89829	—1,49832
9	1,90863	1,92590	1,76355	1,48909	1,16734	19	1,92388	1,95705	1,81187	1,55160	1,23775
Σ	—0,56137	—3,11543	0,57057	1,92706	—0,58104	Σ	0	—3,33244	— 2	2,11363	0
	$N = 21$			$X_1(1) = 0{,}1651446$			$N = 22$			$X_1(1) = 0{,}0788110$	
0	—1,12186	0,00000	1,13811	0,00000	—1,15524	1	—1,11456	—0,18153	1,11321	0,28722	—1,10148
1	—1,09127	—0,37622	1,03465	0,58325	—0,93470	3	—1,05883	—0,52945	0,92767	0,79464	—0,71596
2	—0,99948	—0,71761	0,73767	1,01529	—0,34657	5	—0,94737	—0,83200	0,57880	1,11132	—0,06355
3	—0,84650	—0,98933	0,28740	1,17107	0,40413	7	—0,78019	—1,05891	0,11100	1,14446	0,64183
4	—0,63232	—1,15654	—0,24908	0,97790	1,02760	9	—0,55728	—1,17992	—0,40913	0,85282	1,13749
5	—0,35696	—1,18440	—0,77790	0,44159	1,22694	11	—0,27864	—1,16480	—0,89278	0,26734	1,18198
6	—0,02040	—1,03810	—1,17835	—0,32735	0,80706	13	0,05573	—0,98327	—1,22897	—0,48827	0,64818
7	0,37735	—0,68277	—1,30289	—1,08757	—0,18540	15	0,44582	—0,60509	—1,28447	—1,17686	—0,36010
8	0,83630	—0,08361	—0,97717	—1,44068	—1,29097	17	0,89165	0,00000	—0,90389	—1,42726	—1,36838
9	1,35644	0,79425	0,00000	—0,80508	—1,43517	19	1,39320	0,86225	0,09039	—0,71363	—1,36838
10	1,93777	1,98562	1,85662	1,61017	1,30470	21	1,95047	2,01192	1,89816	1,66513	1,36838
Σ	0,56093	—3,44871	0,56906	2,13859	—0,57762	Σ	0	—3,66080	— 1	2,31691	1
	$N = 23$			$X_1(1) = 0{,}1507557$			$N = 24$			$X_1(1) = 0{,}0722315$	
0	—1,12122	0,00000	1,13588	0,00000	—1,15025	1	—1,11511	—0,16623	1,11511	0,26260	—1,10563
1	—1,09574	—0,34378	1,04983	0,53394	—0,96726	3	—1,06833	—0,48707	0,95915	0,73637	—0,78090
2	—1,01929	—0,66111	0,80094	0,95287	—0,46895	5	—0,97475	—0,77303	0,66283	1,06250	—0,21494
3	—0,89188	—0,92555	0,41702	1,15823	0,20150	7	—0,83439	—1,00088	0,25733	1,16460	0,43885
4	—0,71351	—1,11066	—0,05560	1,08430	0,83494	9	—0,64723	—1,14734	—0,21055	0,99933	0,98440
5	—0,48416	—1,18999	—0,55205	0,71465	1,20053	11	—0,41329	—1,18919	—0,67843	0,56963	1,22377
6	—0,20386	—1,13710	—0,98893	0,09857	1,10762	13	—0,13257	—1,10317	—1,06833	—0,06207	1,01161
7	0,12741	—0,92555	—1,26430	—0,63251	0,48544	15	0,19495	—0,86603	—1,28667	—0,76061	0,32318
8	0,50965	—0,52889	—1,25768	—1,24859	—0,51963	17	0,56925	—0,45452	—1,22429	—1,30490	—0,66400
9	0,94285	0,07933	—0,83007	—1,40466	—1,42897	19	0,99035	0,15461	—0,75641	—1,37468	—1,47489
10	1,42701	0,92555	0,17607	—0,62429	—1,29906	21	1,45823	0,98460	0,25733	—0,53731	—1,22810
11	1,96214	2,03621	1,93682	1,71681	1,42897	23	1,97289	2,05871	1,97289	1,76545	1,48665
Σ	—0,56060	—3,78154	0,56793	2,34932	—0,57512	Σ	0	—3,98954	— 4	2,52091	0
	$N = 25$			$X_1(1) = 0{,}1386751$			$N = 26$			$X_1(1) = 0{,}0666667$	
0	—1,12073	0,00000	1,13418	0,00000	—1,14648	1	—1,11555	—0,15332	1,11659	0,24191	—1,10882
1	—1,09918	—0,31646	1,06147	0,49221	—0,99215	3	—1,07571	—0,45085	0,98366	0,68540	—0,83162
2	—1,03452	—0,61238	0,84997	0,89492	—0,56522	5	—0,99602	—0,72099	0,72909	1,01235	—0,33769
3	—0,92676	—0,86719	0,51950	1,12939	0,03135	7	—0,87650	—0,94550	0,37542	1,15969	0,26032
4	—0,77589	—1,06036	0,10311	1,13834	0,64363	9	—0,71714	—1,10612	—0,04350	1,08638	0,81423

N ungerade						*N* gerade				
X_2	X_3	X_4	X_5	X_6	$2x$	X_2	X_3	X_4	X_5	X_6
Noch: $N = 25$						Noch: $N = 26$				
—0,58192	—1,17132	—0,35294	0,89671	1,09317	11	—0,51793	—1,18461	—0,48257	0,78217	1,16527
—0,34484	—1,17954	—0,78916	0,42240	1,21399	13	—0,27889	—1,16271	—0,88538	0,27636	1,17737
—0,06466	—1,06447	—1,13285	—0,21299	0,90027	15	0,00000	—1,02216	—1,18426	—0,35333	0,77870
0,25863	—0,80554	—1,29809	—0,87344	0,16452	17	0,31873	—0,74472	—1,30027	—0,97203	0,01159
0,62502	—0,38222	—1,18573	—1,34775	—0,79364	19	0,67730	—0,31212	—1,14318	—1,37887	—0,90924
1,03452	0,22604	—0,68341	—1,33880	—1,50807	21	1,07571	0,29387	—0,61147	—1,29824	—1,53018
1,48712	1,03981	0,33444	—0,45283	—1,15618	23	1,51396	1,09152	0,40764	—0,37092	—1,08388
1,98283	2,07961	2,00662	1,81132	1,54158	25	1,99205	2,09908	2,03822	1,85462	1,59394
—0,56038	—4,11402	0,56711	2,55948	—0,57323	Σ	1	—4,31863	— 1	2,72549	— 1
$N = 27$			$X_1(1) = 0{,}1283882$			$N = 28$			$X_1(1) = 0{,}0618984$	
—1,12034	0,00000	1,13285	0,00000	—1,14356	1	—1,11589	—0,14228	1,11776	0,22427	—1,11134
—1,10188	—0,29316	1,07060	0,45646	—1,01161	3	—1,08155	—0,41956	1,00312	0,64061	—0,87198
—1,04648	—0,57003	0,88871	0,84191	—0,64215	5	—1,01288	—0,67494	0,78219	0,96336	—0,43813
—0,95414	—0,81433	0,60169	1,09262	—0,11106	7	—0,90988	—0,89383	0,47170	1,14019	0,10573
—0,82487	—1,00977	0,23376	1,15936	0,46622	9	—0,77254	—1,06166	0,09673	1,13386	0,64606
—0,65866	—1,14006	—0,18120	1,01470	0,95114	11	—0,60086	—1,16381	—0,30929	0,92828	1,05615
—0,45552	—1,18892	—0,59962	0,66025	1,20514	13	—0,39485	—1,18570	—0,70457	0,53451	1,21720
—0,21545	—1,14006	—0,96824	0,13394	1,11937	15	—0,15451	—1,11273	—1,03894	—0,00316	1,04471
0,06156	—0,97719	—1,22414	—0,48274	0,65095	17	0,12017	—0,93032	—1,25390	—0,60122	0,52022
0,37550	—0,68404	—1,29468	—1,05746	—0,13415	19	0,42919	—0,62386	—1,28256	—1,13084	—0,27180
0,72638	—0,24430	—1,09757	—1,39980	—1,01161	21	0,77254	—0,17877	—1,04969	—1,41190	—1,10166
1,11419	0,35830	—0,54083	—1,25399	—1,54271	23	1,15022	0,41956	—0,47170	—1,20689	—1,54695
1,53894	1,14006	0,47721	—0,29163	—1,01161	25	1,56225	1,18570	0,54336	—0,21493	—0,93974
2,00062	2,11725	2,06789	1,89557	1,64387	27	2,00860	2,13426	2,09580	1,93434	1,69153
—0,56015	—4,44625	0,56643	2,76919	—0,57177	Σ	1	—4,64794	1	2,93048	0
$N = 29$			$X_1(1) = 0{,}1195229$			$N = 30$			$X_1(1) = 0{,}0577671$	
—1,12004	0,00000	1,13179	0,00000	—1,14125	1	—1,11617	—0,13273	1,11870	0,20905	—1,11336
—1,10403	—0,27304	1,07789	0,42551	—1,02712	3	—1,08627	—0,39227	1,01882	0,60103	—0,90461
—1,05603	—0,53296	0,91983	0,79373	—0,70450	5	—1,02647	—0,63403	0,82538	0,91673	—0,52110
—0,97603	—0,76662	0,66850	1,05245	—0,23051	7	—0,93678	—0,84617	0,55103	1,11242	—0,02739
—0,86403	—0,96090	0,34202	1,15955	0,30674	9	—0,81719	—1,01682	0,21477	1,15499	0,48835
—0,72002	—1,10267	—0,03420	1,08807	0,79881	11	—0,66771	—1,13415	—0,15810	1,02622	0,92476
—0,54402	—1,17881	—0,42753	0,83128	1,13182	13	—0,48832	—1,18580	—0,53594	0,72707	1,18106
—0,33601	—1,17618	—0,79805	0,40770	1,20567	15	—0,27904	—1,16140	—0,88079	0,28189	1,17444
—0,09600	—1,08167	—1,09862	—0,13381	0,95741	17	—0,03986	—1,04813	—1,14835	—0,25730	0,86084
0,17601	—0,88214	—1,27481	—0,70901	0,38898	19	0,22921	—0,83313	—1,28801	—0,80653	0,25913
0,48002	—0,56446	—1,26497	—1,19324	—0,40086	21	0,52819	—0,50604	—1,24281	—1,24568	—0,52110
0,81603	—0,11552	—1,00016	—1,41635	—1,18030	23	0,85706	—0,05451	—0,94949	—1,41418	—1,24844
1,18404	0,47782	—0,40421	—1,15762	—1,54404	25	1,21582	0,53330	—0,33843	—1,10675	—1,53496
1,58405	1,22869	0,60631	—0,14079	—0,86852	27	1,60449	1,26925	0,66628	—0,06917	—0,79818
2,01606	2,15021	2,12210	1,97109	1,73705	29	2,02305	2,16519	2,14692	2,00598	1,78056
—0,56000	—4,77825	0,56590	2,97856	—0,57062	Σ	1	—4,97744	— 2	3,13578	0
$N = 31$			$X_1(1) = 0{,}1118034$			$N = 32$			$X_1(1) = 0{,}0541530$	
—1,11979	0,00000	1,13093	0,00000	—1,13939	1	—1,11639	—0,12439	1,11947	0,19578	—1,11501
—1,10579	—0,25550	1,08381	0,39845	—1,03969	3	—1,09012	—0,36828	1,03167	0,56585	—0,93136
—1,06380	—0,50027	0,94521	0,75003	—0,75568	5	—1,03759	—0,59754	0,86094	0,87296	—0,59030
—0,99381	—0,72357	0,72346	1,01146	—0,33118	7	—0,95878	—0,80241	0,61705	1,08026	—0,14196
—0,89583	—0,91466	0,43241	1,14668	0,16549	9	—0,85371	—0,97313	0,31462	1,15857	0,34430
—0,76985	—1,06281	0,09147	1,13045	0,64864	11	—0,72237	—1,09996	—0,02683	1,08947	0,78690
—0,61588	—1,15728	—0,27442	0,95196	1,02506	13	—0,56476	—1,17313	—0,38291	0,86835	1,10141
—0,43392	—1,18734	—0,63476	0,61841	1,20686	15	—0,38089	—1,18288	—0,72436	0,50750	1,21219
—0,22396	—1,14225	—0,95353	0,15866	1,12701	17	—0,17074	—1,11947	—1,01703	0,03916	1,06646
0,01400	—1,01128	—1,18914	—0,37321	0,75781	19	0,06567	—0,97313	—1,22190	—0,48140	0,65063
0,27995	—0,78369	—1,29446	—0,89426	0,13211	21	0,32835	—0,73412	—1,29507	—0,97277	0,00898
0,57389	—0,44874	—1,21686	—1,28911	—0,63253	23	0,61730	—0,39267	—1,18776	—1,32441	—0,73528
0,89583	0,00429	—0,89809	—1,40630	—1,30694	25	0,93252	0,06097	—0,84631	—1,39351	—1,356[illegible]
1,24576	0,58616	—0,27442	—1,05473	—1,52058	27	1,27400	0,63656	—0,21219	—1,00195	—1,50103
1,62369	1,30758	0,72346	0,00000	—0,72887	29	1,64175	1,34385	0,77802	0,06680	—0,66072
2,02961	2,17930	2,17038	2,03914	1,82218	31	2,03578	2,19260	2,19260	2,07069	1,86202
—0,55990	—5,11006	0,56545	3,18763	—0,56970	Σ	2	—5,30713	1	3,34135	— 2

N ungerade

x	X_2	X_3	X_4	X_5	X_6
	$N = 33$			$X_1(1) = 0{,}1050210$	
0	—1,11958	0,00000	1,13022	0,00000	—1,13786
1	—1,10723	—0,24008	1,08867	0,37461	—1,05001
2	—1,07018	—0,47126	0,96617	0,71037	—0,79818
3	—1,00844	—0,68467	0,76918	0,97107	—0,41653
4	—0,92201	—0,87139	0,50848	1,12573	0,04122
5	—0,81087	—1,02256	0,19914	1,15129	0,50662
6	—0,67504	—1,12926	—0,13943	1,03518	0,90333
7	—0,51451	—1,18261	—0,48355	0,77799	1,15579
8	—0,32929	—1,17372	—0,80519	0,39608	1,19986
9	—0,11937	—1,09369	—1,07205	—0,07580	0,99550
10	0,11525	—0,93364	—1,24749	—0,58185	0,54119
11	0,37456	—0,68467	—1,29058	—1,04263	—0,10951
12	0,65858	—0,33789	—1,15608	—1,35240	—0,82962
13	0,96728	0,11559	—0,79442	—1,37650	—1,39833
14	1,30069	0,68467	—0,15174	—0,94872	—1,47878
15	1,65879	1,37823	0,83012	0,13130	—0,59381
16	2,04158	2,20516	2,21366	2,10075	1,90020
Σ	—0,55979	—5,44179	0,56511	3,39647	—0,56892
	$N = 35$			$X_1(1) = 0{,}0990148$	
0	—1,11941	0,00000	1,12964	0,00000	—1,13660
1	—1,10843	—0,22641	1,09272	0,35345	—1,05860
2	—1,07551	—0,44536	0,98367	0,67434	—0,83383
3	—1,02064	—0,64943	0,80759	0,93207	—0,48933
4	—0,94381	—0,83115	0,57298	1,09996	—0,06789
5	—0,84504	—0,98308	0,29174	1,15716	0,37530
6	—0,72432	—1,09777	—0,02084	1,09066	0,77745
7	—0,58165	—1,16778	—0,34604	0,89720	1,07418
8	—0,41703	—1,18565	—0,66177	0,58523	1,20707
9	—0,23047	—1,14395	—0,94253	0,17691	1,13240
10	—0,02195	—1,03521	—1,15941	—0,29001	0,83131
11	0,20852	—0,85200	—1,28012	—0,76019	0,32136
12	0,46093	—0,58687	—1,26895	—1,15875	—0,33063
13	0,73530	—0,23236	—1,08679	—1,38932	—0,99437
14	1,03161	0,21896	—0,69116	—1,33212	—1,46047
15	1,34987	0,77455	—0,03614	—0,84195	—1,42357
16	1,69008	1,44185	0,92757	0,25374	—0,46398
17	2,05225	2,22831	2,25267	2,15677	1,97190
Σ	—0,55970	—5,77335	0,56483	3,60515	—0,56830
	$N = 37$			$X_1(1) = 0{,}0936586$	
0	—1,11926	0,00000	1,12914	0,00000	—1,13554
1	—1,10944	—0,21421	1,09613	0,33453	—1,06582
2	—1,07999	—0,42211	0,99844	0,64152	—0,86402
3	—1,03090	—0,61742	0,84016	0,89487	—0,55182
4	—0,96217	—0,79382	0,62808	1,07149	—0,16371
5	—0,87381	—0,94502	0,37172	1,15266	0,25539
6	—0,76581	—1,06473	0,08332	1,12560	0,65355
7	—0,63818	—1,14663	—0,22218	0,98490	0,97614
8	—0,49090	—1,18443	—0,52709	0,73400	1,17117
9	—0,32400	—1,17183	—0,81103	0,38668	1,19557
10	—0,13745	—1,10253	—1,05088	—0,03149	1,02246
11	0,06873	—0,97022	—1,22081	—0,48163	0,64932
12	0,29454	—0,76862	—1,29228	—0,91013	0,10723
13	0,53999	—0,49141	—1,23402	—1,24712	—0,52903
14	0,80508	—0,13230	—1,01204	—1,40504	—1,12980
15	1,08981	0,31501	—0,58963	—1,27713	—1,49853
16	1,39417	0,85682	0,07264	—0,73597	—1,35867
17	1,71816	1,49944	1,01689	0,36799	—0,33967
18	2,06180	2,24916	2,28800	2,20791	2,03800
Σ	—0,55963	—6,10485	0,56456	3,81364	—0,56778

N gerade

$2x$	X_2	X_3	X_4	X_5	X_6
	$N = 34$			$X_1(1) = 0{,}0509647$	
1	—1,11658	—0,11703	1,12010	0,18411	—1,1163
3	—1,09332	—0,34702	1,04232	0,53442	—0,9535
5	—1,04679	—0,56483	0,89057	0,83217	—0,6485
7	—0,97701	—0,76231	0,67250	1,04608	—0,2407
9	—0,88396	—0,93136	0,39957	1,15051	0,2145
11	—0,76765	—1,06383	0,08706	1,12777	0,6511
13	—0,62808	—1,15160	—0,24591	0,97031	0,9987
15	—0,46524	—1,18654	—0,57643	0,68303	1,1903
17	—0,27915	—1,16054	—0,87774	0,28553	1,1724
19	—0,06979	—1,06545	—1,11929	—0,18564	0,9164
21	0,16283	—0,89316	—1,26667	—0,67471	0,4310
23	0,41872	—0,63553	—1,28168	—1,10443	—0,2228
25	0,69786	—0,28445	—1,12229	—1,37381	—0,9158
27	1,00027	0,16823	—0,74264	—1,35586	—1,4327
29	1,32594	0,73062	—0,09307	—0,89532	—1,4525
31	1,67487	1,41085	0,87993	0,19358	—0,528
33	2,04706	2,21705	2,23366	2,12941	1,936
Σ	— 2	—5,63690	— 1	3,54715	
	$N = 36$			$X_1(1) = 0{,}0481311$	
1	—1,11674	—0,11050	1,12064	0,17375	—1,117
3	—1,09599	—0,32807	1,05125	0,50620	—0,972
5	—1,05451	—0,53538	0,91550	0,79431	—0,697
7	—0,99227	—0,72558	0,71948	1,01134	—0,326
9	—0,90929	—0,89184	0,47228	1,13480	0,098
11	—0,80557	—1,02731	0,18605	1,14811	0,521
13	—0,68111	—1,12515	—0,12403	1,04234	0,885
15	—0,53590	—1,17851	—0,43975	0,81786	1,131
17	—0,36994	—1,18056	—0,73986	0,48606	1,208
19	—0,18324	—1,12446	—1,00007	0,07104	1,081
21	0,02420	—1,00336	—1,19306	—0,38870	0,741
23	0,25239	—0,81042	—1,28847	—0,83856	0,213
25	0,50132	—0,53880	—1,25291	—1,20613	—0,432
27	0,77100	—0,18165	—1,04995	—1,39955	—1,065
29	1,06142	0,26786	—0,64012	—1,30574	—1,482
31	1,37259	0,81658	0,01908	—0,78878	—1,392
33	1,70450	1,47134	0,97318	0,31184	—0,401
35	2,05715	2,23900	2,27076	2,18291	2,005
Σ	1	—5,96681	0	3,75310	—
	$N = 38$			$X_1(1) = 0{,}0455961$	
1	—1,11687	—0,10466	1,12109	0,16451	—1,118
3	—1,09826	—0,31106	1,05880	0,48074	—0,987
5	—1,06103	—0,50874	0,93668	0,75922	—0,740
7	—1,00518	—0,69189	0,75960	0,97695	—0,400
9	—0,93073	—0,85469	0,53490	1,11415	—0,005
11	—0,83765	—0,99132	0,27233	1,15555	0,401
13	—0,72597	—1,09598	—0,01588	1,09168	0,769
15	—0,59566	—1,16284	—0,31508	0,92018	1,049
17	—0,44675	—1,18610	—0,60817	0,64707	1,195
19	—0,27922	—1,15993	—0,87562	0,28805	1,171
21	—0,09307	—1,07853	—1,09544	—0,13021	0,956
23	0,11169	—0,93609	—1,24321	—0,56880	0,555
25	0,33506	—0,72677	—1,29206	—0,97523	0,004
27	0,57705	—0,44479	—1,21268	—1,28221	—0,619
29	0,83765	—0,08431	—0,97332	—1,40629	—1,187
31	1,11687	0,36048	—0,53978	—1,24662	—1,509
33	1,41470	0,89539	0,12457	—0,68363	—1,323
35	1,73115	1,52623	1,05880	0,42224	—0,27
37	2,06621	2,25882	2,30445	2,23185	2,06
Σ	— 1	—6,29678	— 2	3,95920	

N ungerade						N gerade					
x	X_2	X_3	X_4	X_5	X_6	2x	X_2	X_3	X_4	X_5	X_6

$N = 39$ $X_1(1) = 0{,}0888523$ $N = 40$ $X_1(1) = 0{,}0433148$

x	X_2	X_3	X_4	X_5	X_6	2x	X_2	X_3	X_4	X_5	X_6
0	—1,11914	0,00000	1,12873	0,00000	—1,13465	1	—1,11698	—0,09940	1,12147	0,15620	—1,11927
1	—1,11030	—0,20325	1,09902	0,31753	—1,07194	3	—1,10019	—0,29572	1,06525	0,45765	—1,00145
2	—1,08380	—0,40112	1,01101	0,61154	—0,88980	5	—1,06659	—0,48456	0,95481	0,72671	—0,77653
3	—1,03962	—0,58824	0,86800	0,85964	—0,60579	7	—1,01620	—0,66094	0,79412	0,94345	—0,46531
4	—0,97777	—0,75923	0,67548	1,04171	—0,24801	9	—0,94902	—0,81988	0,58914	1,09044	—0,09753
5	—0,89826	—0,90871	0,44115	1,14101	0,14666	11	—0,86503	—0,95641	0,34782	1,15372	0,29000
6	—0,80107	—1,03131	0,17492	1,14535	0,53501	13	—0,76425	—1,06552	0,08009	1,12382	0,65578
7	—0,68621	—1,12164	—0,11111	1,04819	0,87066	15	—0,64668	—1,14226	—0,20211	0,99677	0,95664
8	—0,55368	—1,17434	—0,40265	0,84977	1,10795	17	—0,51230	—1,18162	—0,48489	0,77504	1,15135
9	—0,40348	—1,18401	—0,68318	0,55827	1,20648	19	—0,36113	—1,17863	—0,75233	0,46861	1,20485
0	—0,23561	—1,14530	—0,93401	0,19093	1,13640	21	—0,19316	—1,12831	—0,98655	0,09591	1,09305
1	—0,05007	—1,05282	—1,13423	—0,22483	0,88436	23	—0,00840	—1,02566	—1,16769	—0,31515	0,80830
2	0,15315	—0,90118	—1,26074	—0,65028	0,46018	25	0,19316	—0,86572	—1,27387	—0,72621	0,36536
3	0,37403	—0,68503	—1,28825	—1,03422	—0,09572	27	0,41152	—0,64350	—1,28125	—1,08745	—0,19196
4	0,61258	—0,39897	—1,18923	—1,31188	—0,70432	29	0,64668	—0,35401	—1,16400	—1,33658	—0,78351
5	0,86881	—0,03764	—0,93401	—1,40377	—1,23915	31	0,89863	0,00772	—0,89428	—1,39786	—1,28505
6	1,14270	0,40435	—0,49066	—1,21453	—1,51684	33	1,16737	0,44669	0,44230	1,18112	—1,51976
7	1,43426	0,93237	0,17492	—0,63186	—1,28693	35	1,45292	0,96787	0,22375	—0,58072	—1,24919
8	1,74350	1,55180	1,09902	0,47469	—0,22096	37	1,75526	1,57624	1,13765	0,52541	—0,16369
9	2,07041	2,26802	2,32016	2,25479	2,09910	39	2,07440	2,27679	2,33518	2,27679	2,12794
Σ	—0,55957	—6,43625	0,56434	4,02205	—0,56731	Σ	1	—6,62683	1	4,16543	2

$N = 41$ $X_1(1) = 0{,}0845154$ $N = 42$ $X_1(1) = 0{,}0412510$

x	X_2	X_3	X_4	X_5	X_6	2x	X_2	X_3	X_4	X_5	X_6
0	—1,11903	0,00000	1,12838	0,00000	—1,13388	1	—1,11708	—0,09465	1,12180	0,14870	—1,11997
1	—1,11104	—0,19336	1,10150	0,30217	—1,07719	3	—1,10185	—0,28181	1,07081	0,43664	—1,01306
2	—1,08706	—0,38209	1,02180	0,58409	—0,91199	5	—1,07138	—0,46251	0,97046	0,69657	—0,80806
3	—1,04710	—0,56158	0,89197	0,82642	—0,65267	7	—1,02568	—0,63245	0,82402	0,91115	—0,52212
4	—0,99114	—0,72718	0,71651	1,01154	—0,32236	9	—0,96475	—0,78734	0,63639	1,06494	—0,17987
5	—0,91921	—0,87428	0,50171	1,12450	0,04841	11	—0,88859	—0,92286	0,41411	1,14526	0,18794
6	—0,83128	—0,99826	0,25568	1,15386	0,42348	13	—0,79719	—1,03472	0,16534	1,14293	0,54625
7	—0,72737	—1,09447	—0,01170	1,09257	0,76340	15	—0,69056	—1,11862	—0,10011	1,05305	0,85792
8	—0,60748	—1,15831	—0,28871	0,93887	1,02830	17	—0,56870	—1,17025	—0,37082	0,87580	1,08641
9	—0,47159	—1,18514	—0,56187	0,69718	1,18128	19	—0,43160	—1,18531	—0,63371	0,61719	1,19894
0	—0,31972	—1,17034	—0,81587	0,37892	1,19226	21	—0,27927	—1,15949	—0,87408	0,28988	1,17007
1	—0,15187	—1,10928	—1,03363	0,00346	1,04242	23	—0,11171	—1,08850	—1,07559	—0,08609	0,98574
2	0,03197	—0,99733	—1,19624	—0,40105	0,72911	25	0,07109	—0,96804	—1,22028	—0,48248	0,64773
3	0,23180	—0,82988	—1,28301	—0,79675	0,27132	27	0,26911	—0,79379	—1,28854	—0,86208	0,17864
4	0,44761	—0,60228	—1,27144	—1,13525	—0,28436	29	0,48238	—0,56146	—1,25913	—1,17796	—0,37277
5	0,67941	—0,30993	—1,13724	—1,35670	—0,85725	31	0,71087	—0,26675	—1,10920	—1,37265	—0,92573
6	0,92720	0,05181	—0,85431	—1,38895	—1,32561	33	0,95460	0,09465	—0,81422	—1,37736	—1,36118
7	1,19097	0,48756	—0,39476	—1,14663	—1,51904	35	1,21356	0,52704	—0,34807	—1,11125	—1,51506
8	1,47073	1,00196	0,27110	—0,53029	—1,21052	37	1,48775	1,03472	0,31703	—0,48060	—1,17110
[illegible]	1,76647	1,59962	1,17477	0,57448	—0,10779	39	1,77718	1,62200	1,21048	0,62195	—0,05323
[illegible]	2,07820	2,28517	2,34954	2,29790	2,15572	41	2,08183	2,29317	2,36331	2,31819	2,18250
Σ	—0,55953	—6,76759	0,56418	4,23034	—0,56696	Σ	1	—6,95697	0	4,37178	— 1

$N = 43$ $X_1(1) = 0{,}0805823$ $N = 44$ $X_1(1) = 0{,}0393750$

x	X_2	X_3	X_4	X_5	X_6	2x	X_2	X_3	X_4	X_5	X_6
0	—1,11894	0,00000	1,12806	0,00000	—1,13322	1	—1,11717	—0,09034	1,12208	0,14189	—1,12058
[illegible]	—1,11168	—0,18439	1,10365	0,28822	—1,08171	3	—1,10329	—0,26914	1,07562	0,41743	—1,02313
[illegible]	—1,08988	—0,36477	1,03114	0,55889	—0,93121	5	—1,07553	—0,44233	0,98405	0,66861	—0,83556
[illegible]	—1,05355	—0,53713	0,91277	0,79517	—0,69363	7	—1,03390	—0,60617	0,85008	0,88021	—0,57213
[illegible]	—1,00269	—0,69746	0,75225	0,98158	—0,38813	9	—0,97839	—0,75692	0,67778	1,03854	—0,25341
[illegible]	—0,93730	—0,84177	0,55480	1,10475	—0,04022	11	—0,90900	—0,89083	0,47257	1,13211	0,09474
[illegible]	—0,85737	—0,96603	0,32708	1,15405	0,31965	13	—0,82573	—1,00417	0,24122	1,15216	0,44256
[illegible]	—0,76292	—1,06624	0,07728	1,12233	0,65783	15	—0,72859	—1,09320	—0,00813	1,09335	0,75804
8	—0,65393	—1,13839	—0,18493	1,00658	0,93963	17	—0,61756	—1,15417	—0,26600	0,95434	1,00899
9	—0,53041	—1,17847	—0,44842	0,80865	1,13180	19	—0,49266	—1,18335	—0,52155	0,73842	1,16537

N ungerade

x	X_2	X_3	X_4	X_5	X_6
	Noch: $N = 43$				
10	—0,39236	—1,18248	—0,70055	0,53594	1,20548
11	—0,23977	—1,14641	—0,92721	0,20205	1,13951
12	—0,07266	—1,06624	—1,11277	—0,17247	0,92412
13	0,10899	—0,93797	—1,24017	—0,55945	0,56499
14	0,30517	—0,75759	—1,29081	—0,92242	0,08777
15	0,51588	—0,52109	—1,24463	—1,21592	—0,45711
16	0,74112	—0,22447	—1,08008	—1,38476	—0,98914
17	0,98089	0,13629	—0,77412	—1,36339	—1,39212
18	1,23520	0,56519	—0,30224	—1,07517	—1,50813
19	1,50403	1,06624	0,36158	—0,43170	—1,13110
20	1,78740	1,64345	1,24484	0,66791	0,00000
21	2,08530	2,30083	2,37651	2,33768	2,20833
Σ	—0,55948	—7,09890	0,56403	4,43852	—0,56661
	$N = 45$		$X_1(1) = 0{,}0769991$		
0	—1,11886	0,00000	1,12779	0,00000	—1,13265
1	—1,11223	—0,17621	1,10551	0,27549	—1,08565
2	—1,09233	—0,34892	1,03926	0,53568	—0,94798
3	—1,05916	—0,51464	0,93091	0,76581	—0,72958
4	—1,01273	—0,66987	0,78356	0,95222	—0,44651
5	—0,95302	—0,81112	0,60154	1,08293	—0,12018
6	—0,88005	—0,93488	0,39042	1,14813	0,22360
7	—0,79382	—1,03767	0,15701	1,14078	0,55604
8	—0,69431	—1,11599	—0,09064	1,05716	0,84692
9	—0,58154	—1,16633	—0,34324	0,89737	1,06656
10	—0,45551	—1,18521	—0,59027	0,66596	1,18803
11	—0,31620	—1,16913	—0,81997	0,37240	1,18963
12	—0,16363	—1,11459	—1,01932	0,03171	1,05773
13	0,00221	—1,01809	—1,17410	—0,33506	0,78985
14	0,18132	—0,87615	—1,26883	—0,70024	0,39809
15	0,37369	—0,68526	—1,28678	—1,02899	—0,08721
16	0,57933	—0,44192	—1,21001	—1,27877	—0,61348
17	0,79824	—0,14265	—1,01932	—1,39877	—1,10160
18	1,03042	0,21607	—0,69428	—1,32934	—1,44135
19	1,27586	0,63771	—0,21323	—1,00151	—1,48659
20	1,53457	1,12578	0,44676	—0,33635	—1,04992
21	1,80654	1,68377	1,30982	0,75552	0,10261
22	2,09179	2,31518	2,40133	2,37450	2,25733
Σ	—0,55942	—7,43012	0,56392	4,64663	—0,56631
	$N = 47$		$X_1(1) = 0{,}0737210$		
0	—1,11879	0,00000	1,12756	0,00000	—1,13215
1	—1,11271	—0,16872	1,10713	0,26384	—1,08908
2	—1,09447	—0,33438	1,04637	0,51425	—0,96269
3	—1,06407	—0,49390	0,94684	0,73824	—0,76132
4	—1,02151	—0,64422	0,81113	0,92370	—0,49849
5	—0,96678	—0,78227	0,64289	1,05987	—0,19236
6	—0,89990	—0,90498	0,44679	1,13773	0,13511
7	—0,82085	—1,00928	0,22856	1,15049	0,45916
8	—0,72965	—1,09211	—0,00505	1,09404	0,75348
9	—0,62628	—1,15039	—0,24624	0,96732	0,99168
10	—0,51075	—1,18107	—0,48616	0,77285	1,14900
11	—0,38307	—1,18107	—0,71494	0,51713	1,20427
12	—0,24322	—1,14733	—0,92166	0,21107	1,14200
13	—0,09121	—1,07677	—1,09436	—0,12952	0,95484
14	0,07296	—0,96633	—1,22004	—0,48355	0,64613
15	0,24930	—0,81294	—1,28466	—0,82414	0,23281
16	0,43779	—0,61354	—1,27315	—1,11824	—0,25160
17	0,63844	—0,36506	—1,16938	—1,32614	—0,75363
18	0,85126	—0,06442	—0,95620	—1,40105	—1,19638
19	1,07623	0,29143	—0,61540	—1,28865	—1,47575

N gerade

$2x$	X_2	X_3	X_4	X_5	X_6
	Noch: $N = 44$				
21	—0,35389	—1,17699	—0,76258	0,45414	1,202
23	—0,20123	—1,13135	—0,97553	0,11587	1,101
25	—0,03469	—1,04270	—1,14551	—0,25550	0,858
27	0,14572	—0,90729	—1,25625	—0,63201	0,481
29	0,34001	—0,72138	—1,29013	—0,97799	—0,000
31	0,54818	—0,48123	—1,22817	—1,24942	—0,537
33	0,77022	—0,18310	—1,05007	—1,39336	—1,047
35	1,00614	0,17674	—0,73412	—1,34730	—1,418
37	1,25595	0,60205	—0,25729	—1,03854	—1,498
39	1,51962	1,09657	0,40481	—0,38361	—1,090
41	1,79718	1,66402	1,27793	0,71241	0,051
43	2,08862	2,30816	2,38917	2,35644	2,233
Σ	1	—7,28712	— 2	4,57819	
	$N = 46$			$X_1(1) = 0{,}0376622$	
1	—1,11724	—0,08640	1,12233	0,13567	—1,121
3	—1,10454	—0,25756	1,07982	0,39982	—1,031
5	—1,07915	—0,42380	0,99593	0,64263	—0,859
7	—1,04107	—0,58187	0,87293	0,85070	—0,616
9	—0,99028	—0,72849	0,71421	1,01187	—0,319
11	—0,92680	—0,86037	0,52432	1,11567	0,009
13	—0,85063	—0,97426	0,30892	1,15391	0,345
15	—0,76175	—1,06687	0,07482	1,12106	0,659
17	—0,66019	—1,13494	—0,17005	1,01483	0,924
19	—0,54592	—1,17520	—0,41662	0,83660	1,113
21	—0,41897	—1,18436	—0,65469	0,59198	1,200
23	—0,27931	—1,15916	—0,87293	0,29124	1,169
25	—0,12696	—1,09633	—1,05885	—0,05016	1,008
27	0,03809	—0,99259	—1,19886	—0,41109	0,718
29	0,21583	—0,84466	—1,27821	—0,76424	0,315
31	0,40627	—0,64929	—1,28105	—1,07567	—0,170
33	0,60940	—0,40319	—1,19035	—1,30426	—0,685
35	0,82523	—0,10309	—0,98799	—1,40124	—1,151
37	1,05376	0,25428	—0,65469	—1,30973	—1,460
39	1,29498	0,67220	—0,17005	—0,96417	—1,472
41	1,54890	1,15393	0,48748	—0,28993	—1,008
43	1,81552	1,70274	1,34056	0,79730	0,152
45	2,09483	2,32192	2,41301	2,39189	2,280
Σ	0	—7,61736	— 1	4,78468	
	$N = 48$			$X_1(1) = 0{,}0360922$	
1	—1,11731	—0,08279	1,12255	0,12998	—1,121
3	—1,10565	—0,24692	1,08351	0,38361	—1,039
5	—1,08233	—0,40674	1,00637	0,61846	—0,880
7	—1,04735	—0,55936	0,89306	0,82265	—0,655
9	—1,00072	—0,70190	0,74643	0,98532	—0,378
11	—0,94242	—0,83148	0,57032	1,09700	—0,067
13	—0,87247	—0,94522	0,36950	1,15002	0,254
15	—0,79086	—1,04025	0,14970	1,13887	0,564
17	—0,69759	—1,11367	—0,08239	1,06067	0,837
19	—0,59266	—1,16263	—0,31912	0,91550	1,048
21	—0,47607	—1,18422	—0,55189	0,70683	1,175
23	—0,34782	—1,17559	—0,77114	0,44193	1,199
25	—0,20792	—1,13383	—0,96637	0,13224	1,108
27	—0,05635	—1,05608	—1,12610	—0,20622	0,897
29	0,10687	—0,93946	—1,23791	—0,55245	0,572
31	0,28176	—0,78108	—1,28843	—0,88007	0,151
33	0,46830	—0,57807	—1,26331	—1,15692	—0,329
35	0,66650	—0,32755	—1,14726	—1,34468	—0,817
37	0,87636	—0,02664	—0,92405	—1,39842	—1,237
39	1,09787	0,32755	—0,57646	—1,26629	—1,488

	N ungerade						*N* gerade				
x	X_2	X_3	X_4	X_5	X_6	$2x$	X_2	X_3	X_4	X_5	X_6
	Noch: $N = 47$						Noch: $N = 48$				
20	1,31337	0,70557	—0,12776	—0,92665	—1,45648	41	1,33105	0,73789	—0,08635	—0,88903	—1,43875
21	1,56266	1,18107	0,52701	—0,24436	—0,96795	43	1,57589	1,20726	0,56541	—0,19964	—0,92691
22	1,82412	1,72099	1,37023	0,83780	0,20027	45	1,83238	1,73854	1,39887	0,87707	0,24732
23	2,09774	2,32840	2,42425	2,40866	2,30306	47	2,10053	2,33461	2,43507	2,42484	2,32480
Σ	—0,55939	—7,76132	0,56376	4,85469	—0,56607	Σ	1	—7,94763	1	4,99127	0
	$N = 49$			$X_1(1) = 0{,}0707107$			$N = 50$			$X_1(1) = 0{,}0346479$	
0	—1,11873	0,00000	1,12735	0,00000	—1,13172	1	—1,11736	—0,07947	1,12274	0,12475	—1,12197
1	—1,11314	—0,16185	1,10857	0,25313	—1,09211	3	—1,10662	—0,23713	1,08676	0,36865	—1,04646
2	—1,09636	—0,32099	1,05264	0,49441	—0,97566	5	—1,08513	—0,39097	1,01560	0,59592	—0,89980
3	—1,06839	—0,47472	0,96089	0,71235	—0,78944	7	—1,05290	—0,53845	0,91089	0,79601	—0,69060
4	—1,02923	—0,62033	0,83552	0,89616	—0,54494	9	—1,00992	—0,67701	0,77506	0,95919	—0,43137
5	—0,97889	—0,75512	0,67962	1,03616	—0,25760	11	—0,95620	—0,80410	0,61136	1,07686	—0,13806
6	—0,91736	—0,87637	0,49713	1,12407	0,05376	13	—0,89174	—0,91719	0,42384	1,14188	0,17058
7	—0,84464	—0,98138	0,29290	1,15345	0,36777	15	—0,81653	—1,01373	0,21737	1,14889	0,47374
8	—0,76074	—1,06745	0,07264	1,11997	0,66147	17	—0,73058	—1,09116	—0,00236	1,09465	0,74955
9	—0,66565	—1,13186	—0,15704	1,02184	0,91145	19	—0,63389	—1,14694	—0,22888	0,97835	0,97610
10	—0,55937	—1,17192	—0,38867	0,86014	1,09519	21	—0,52645	—1,17852	—0,45488	0,80193	1,13276
11	—0,44190	—1,18491	—0,61389	0,63918	1,19256	23	—0,40827	—1,18336	—0,67224	0,57043	1,20156
12	—0,31325	—1,16813	—0,82346	0,36686	1,18748	25	—0,27934	—1,15891	—0,87204	0,29229	1,16872
13	—0,17340	—1,11887	—1,00727	0,05503	1,06980	27	—0,13967	—1,10262	—1,04455	—0,02034	1,02644
14	—0,02237	—1,03443	—1,15431	—0,28015	0,83731	29	0,01074	—1,01194	—1,17922	—0,35122	0,77472
15	0,13984	—0,91209	—1,25272	—0,61784	0,49795	31	0,17190	—0,88434	—1,26469	—0,67975	0,42340
16	0,31325	—0,74916	—1,28973	—0,93218	0,07222	33	0,34380	—0,71725	—1,28880	—0,98061	—0,00563
17	0,49784	—0,54293	—1,25172	—1,19193	—0,40430	35	0,52645	—0,50814	—1,23856	—1,22347	—0,47609
18	0,69361	—0,29068	—1,12415	—1,36010	—0,87816	37	0,71984	—0,25445	—1,10018	—1,37262	—0,93482
19	0,90058	0,01028	—0,89164	—1,39357	—1,27519	39	0,92397	0,04636	—0,85906	—1,38671	—1,30913
20	1,11873	0,36267	—0,53791	—1,24280	—1,49735	41	1,13885	0,39683	—0,49979	—1,21833	—1,50394
21	1,34807	0,76919	—0,04581	—0,85139	—1,41950	43	1,36447	0,79952	—0,00613	—0,81380	—1,39887
22	1,58860	1,23255	0,60270	—0,15577	—0,88593	45	1,60084	1,25697	0,63894	—0,11275	—0,84508
23	1,84032	1,75544	1,42654	0,91517	0,29323	47	1,84795	1,77173	1,45328	0,95215	0,33803
24	2,10322	2,34059	2,44549	2,44046	2,34584	49	2,10580	2,34635	2,45553	2,45553	2,36621
Σ	—0,55936	—8,09247	0,56367	5,06265	—0,56587	Σ	1	—8,27792	— 1	5,19788	— 1
	$N = 51$			$X_1(1) = 0{,}0679366$			$N = 52$			$X_1(1) = 0{,}0333148$	
0	—1,11868	0,00000	1,12717	0,00000	—1,13133	1	—1,11741	—0,07640	1,12291	0,11992	—1,12233
1	—1,11352	—0,15551	1,10983	0,24326	—1,09478	3	—1,10748	—0,22808	1,08964	0,35480	—1,05250
2	—1,09803	—0,30862	1,05818	0,47600	—0,98716	5	—1,08762	—0,37636	1,02379	0,57488	—0,91657
3	—1,07221	—0,45694	0,97335	0,68802	—0,81449	7	—1,05782	—0,51899	0,92675	0,77075	—0,72191
4	—1,03607	—0,59805	0,85721	0,86968	—0,58658	9	—1,01809	—0,65368	0,80060	0,93367	—0,47925
5	—0,98960	—0,72956	0,71238	1,01223	—0,31666	11	—0,96842	—0,77820	0,64810	1,05582	—0,20231
6	—0,93281	—0,84908	0,54223	1,10810	—0,02095	13	—0,90883	—0,89026	0,47273	1,13057	0,09267
7	—0,86569	—0,95419	0,35089	1,15119	0,28205	15	—0,83930	—0,98760	0,27865	1,15278	0,38755
8	—0,78824	—1,04251	0,14322	1,13716	0,57225	17	—0,75984	—1,06797	0,07070	1,11902	0,66307
9	—0,70047	—1,11163	—0,07514	1,06371	0,82890	19	—0,67045	—1,12909	—0,14556	1,02788	0,89965
10	—0,60237	—1,15914	—0,29785	0,93092	1,03163	21	—0,57112	—1,16871	—0,36391	0,88020	1,07844
11	—0,49394	—1,18266	—0,51777	0,74149	1,16163	23	—0,46186	—1,18455	—0,57740	0,67935	1,18238
12	—0,37519	—1,17978	—0,72704	0,50107	1,20297	25	—0,34267	—1,17437	—0,77842	0,43150	1,19747
13	—0,24611	—1,14810	—0,91705	0,21855	1,14404	27	—0,21355	—1,13588	—0,95864	0,14591	1,11410
14	—0,10670	—1,08523	—1,07841	—0,09369	0,97916	29	—0,07449	—1,06684	—1,10905	—0,16487	0,92856
15	0,04303	—0,98875	—1,20103	—0,41940	0,71033	31	0,07449	—0,96496	—1,21996	—0,48467	0,64462
16	0,20308	—0,85628	—1,27404	—0,73826	0,34906	33	0,23342	—0,82800	—1,28095	—0,79345	0,27525
17	0,37347	—0,68541	—1,28581	—1,02552	—0,08158	35	0,40227	—0,65368	—1,28095	—1,06706	—0,15548
18	0,55418	—0,47374	—1,22399	—1,25173	—0,54482	37	0,58105	—0,43975	—1,20817	—1,27692	—0,61049
19	0,74521	—0,21887	—1,07547	—1,38247	—0,98791	39	0,76977	—0,18394	—1,05013	—1,38983	—1,03754
20	0,94657	0,08160	—0,82638	—1,37800	—1,33969	41	0,96842	0,11602	—0,79366	—1,36762	—1,36706
21	1,15826	0,43006	—0,46211	—1,19301	—1,50800	43	1,17701	0,46239	—0,42491	—1,16695	—1,50973
22	1,38028	0,82892	0,03270	—0,77632	—1,37703	45	1,39553	0,85743	0,07070	—0,73900	—1,35411
23	1,61262	1,28059	0,67416	—0,07057	—0,80440	47	1,62397	1,30341	0,70841	—0,02923	—0,76396
24	1,85529	1,78743	1,47913	0,98804	0,38175	49	1,86236	1,80258	1,50415	1,02291	0,42442
25	2,10828	2,35188	2,46522	2,47011	2,38594	51	2,11067	2,35722	2,47457	2,48420	2,40506
Σ	—0,55936	—8,42357	0,56358	5,27056	—0,56567	Σ	1	—8,60826	— 1	5,40456	0

	N ungerade						*N* gerade				
x	X_2	X_3	X_4	X_5	X_6	$2x$	X_2	X_3	X_4	X_5	X_6
	$N = 53$		$X_1(1) = 0{,}0653720$				$N = 54$		$X_1(1) = 0{,}0320805$		
0	—1,11863	0,00000	1,12701	0,00000	—1,13099	1	—1,11746	—0,07357	1,12300	0,11546	—1,12266
1	—1,11385	—0,14965	1,11096	0,23412	—1,09715	3	—1,10825	—0,21970	1,09221	0,34194	—1,05789
2	—1,09951	—0,29717	1,06311	0,45888	—0,99739	5	—1,08983	—0,36279	1,03110	0,55520	—0,93157
3	—1,07561	—0,44041	0,98445	0,66515	—0,83687	7	—1,06220	—0,50083	0,94092	0,74681	—0,75003
4	—1,04214	—0,57723	0,87656	0,84429	—0,62402	9	—1,02536	—0,63180	0,82347	0,90888	—0,52252
5	—0,99912	—0,70550	0,74171	0,98840	—0,37024	11	—0,97931	—0,75368	0,68112	1,03430	—0,26094
6	—0,94653	—0,82309	0,58277	1,09052	—0,08954	13	—0,92405	—0,86443	0,51685	1,11692	0,02061
7	—0,88439	—0,92785	0,40328	1,14493	0,20196	15	—0,85958	—0,96205	0,33424	1,15185	0,30627
8	—0,81268	—1,01763	0,20742	1,14736	0,48665	17	—0,78590	—1,04452	0,13746	1,13561	0,57903
9	—0,73141	—1,09033	0,00000	1,09520	0,74612	19	—0,70302	—1,10980	—0,06873	1,06637	0,82142
10	—0,64058	—1,14377	—0,21352	0,98783	0,96202	21	—0,61092	—1,15588	—0,27896	0,94417	1,01628
11	—0,54019	—1,17584	—0,42704	0,82677	1,11696	23	—0,50961	—1,18074	—0,48727	0,77117	1,14767
12	—0,43024	—1,18439	—0,63382	0,61598	1,19558	25	—0,39909	—1,18236	—0,68712	0,55181	1,20182
13	—0,31073	—1,16729	—0,82647	0,36208	1,18569	27	—0,27936	—1,15871	—0,87134	0,29311	1,16826
14	—0,18166	—1,12239	—0,99697	0,07460	1,07954	29	—0,15043	—1,10778	—1,03221	0,00480	1,04094
15	—0,04302	—1,04757	—1,13664	—0,23380	0,87519	31	—0,01228	—1,02754	—1,16137	—0,30039	0,81954
16	0,10517	—0,94067	—1,23618	—0,54704	0,57801	33	0,13508	—0,91597	—1,24988	—0,60652	0,51087
17	0,26293	—0,79957	—1,28563	—0,84542	0,20225	35	0,29164	—0,77106	—1,28823	—0,89426	0,13028
18	0,43024	—0,62213	—1,27439	—1,10537	—0,22722	37	0,45742	—0,59077	—1,26627	—1,14063	—0,29671
19	0,60712	—0,40620	—1,19123	—1,29921	—0,67312	39	0,63241	—0,37310	—1,17328	—1,31878	—0,73277
20	0,79356	—0,14965	—1,02426	—1,39488	—1,08385	41	0,81660	—0,11601	—0,99795	—1,39779	—1,12697
21	0,98956	0,14965	—0,76097	—1,35572	—1,39142	43	1,01001	0,18251	—0,72835	—1,34245	—1,41294
22	1,19512	0,49385	—0,38819	—1,14025	—1,50931	45	1,21263	0,52448	—0,35198	—1,11302	—1,50689
23	1,41024	0,88509	0,10788	—0,70188	—1,33024	47	1,42445	0,91193	0,14427	—0,66501	—1,30553
24	1,63492	1,32549	0,74171	0,01130	—0,72379	49	1,64549	1,34688	0,77410	0,05102	—0,68393
25	1,86917	1,81721	1,52837	1,05677	0,46608	51	1,87573	1,83134	1,55182	1,08969	0,50674
26	2,11297	2,36237	2,48355	2,49783	2,42360	53	2,11519	2,36734	2,49232	2,51103	2,44158
Σ	—0,55929	—8,75467	0,56347	5,47844	—0,56550	Σ	0	—8,93861	— 6	5,61129	— 4

x	X_2	X_3	X_4	X_5	X_6	$2x$	X_2	X_3	X_4	X_5	X_6
	$N = 55$		$X_1(1) = 0{,}0629941$				$N = 56$		$X_1(1) = 0{,}0309344$		
0	—1,11859	0,00000	1,12687	0,00000	—1,13068	1	—1,11750	—0,07094	1,12320	0,11131	—1,12294
1	—1,11415	—0,14422	1,11196	0,22565	—1,09927	3	—1,10894	—0,21190	1,09451	0,32996	—1,06271
2	—1,10083	—0,28652	1,06752	0,44291	—1,00655	5	—1,09181	—0,35015	1,03765	0,53676	—0,94502
3	—1,07864	—0,42500	0,99438	0,64362	—0,85696	7	—1,06612	—0,48387	0,95364	0,72412	—0,77536
4	—1,04757	—0,55775	0,89391	0,81999	—0,65779	9	—1,03187	—0,61125	0,84403	0,88490	—0,56175
5	—1,00762	—0,68284	0,76806	0,96486	—0,41892	11	—0,98905	—0,73047	0,71088	1,01260	—0,31452
6	—0,95879	—0,79836	0,61932	1,07185	—0,15253	13	—0,93767	—0,83973	0,55676	1,10158	—0,04599
7	—0,90109	—0,90241	0,45074	1,13561	0,12732	15	—0,87773	—0,93721	0,38477	1,14716	0,22991
8	—0,83450	—0,99308	0,26590	1,15197	0,40512	17	—0,80922	—1,02110	0,19851	1,14590	0,49815
9	—0,75904	—1,06844	0,06896	1,11819	0,66455	19	—0,73215	—1,08959	0,00210	1,09570	0,74311
10	—0,67470	—1,12658	—0,13537	1,03313	0,88907	21	—0,64652	—1,14087	—0,19983	0,99606	0,94925
11	—0,58149	—1,16560	—0,34183	0,89745	1,06275	23	—0,55233	—1,17312	—0,40213	0,84818	1,10179
12	—0,47940	—1,18358	—0,54462	0,71385	1,17102	25	—0,44957	—1,18454	—0,59914	0,65524	1,18750
13	—0,36842	—1,17861	—0,73737	0,48721	1,20165	27	—0,33825	—1,17330	—0,78466	0,42248	1,19560
14	—0,24858	—1,14877	—0,91315	0,22484	1,14574	29	—0,21836	—1,13761	—0,95202	0,15749	1,11867
15	—0,11985	—1,09216	—1,06450	—0,06334	0,99883	31	—0,08991	—1,07564	—1,09400	—0,12970	0,95370
16	0,01776	—1,00685	—1,18339	—0,36460	0,76207	33	0,04710	—0,98559	—1,20287	—0,42639	0,70318
17	0,16424	—0,89094	—1,26124	—0,66317	0,44354	35	0,19267	—0,86564	—1,27040	—0,71701	0,37630
18	0,31960	—0,74251	—1,28892	—0,94008	0,05954	37	0,34681	—0,71398	—1,28784	—0,98299	—0,00982
19	0,48383	—0,55966	—1,25673	—1,17296	—0,36389	39	0,50951	—0,52881	—1,24591	—1,20251	—0,42873
20	0,65695	—0,34046	—1,15445	—1,33578	—0,78947	41	0,68078	—0,30830	—1,13483	—1,35039	—0,84329
21	0,83894	—0,08301	—0,97127	—1,39872	—1,16703	43	0,86060	—0,05064	—0,94430	—1,39783	—1,20415
22	1,02981	0,21461	—0,69585	—1,32793	—1,43180	45	1,04899	0,24597	—0,66350	—1,31228	—1,44815
23	1,22956	0,55430	—0,31629	—1,08532	—1,50264	47	1,24595	0,58334	—0,28112	—1,05726	—1,49669
24	1,43819	0,93799	0,17986	—0,62841	—1,28008	49	1,45146	0,96330	0,21469	—0,59212	—1,25398
25	1,65568	1,36759	0,80562	0,08995	—0,64440	51	1,66554	1,38765	0,83631	0,12809	—0,60524
26	1,88207	1,84500	1,57455	1,12169	0,54645	53	1,88819	1,85820	1,59658	1,15281	0,58523
27	2,11733	2,37214	2,50076	2,52380	2,45903	55	2,11939	2,37677	2,50892	2,53619	2,47597
Σ	—0,55930	—9,08572	0,56343	5,68626	—0,56533	Σ	1	—9,26902	0	5,81805	2

N ungerade						N gerade					
x	X_2	X_3	X_4	X_5	X_6	$2x$	X_2	X_3	X_4	X_5	X_6
$N = 57$			$X_1(1) = 0{,}0607831$			$N = 58$				$X_1(1) = 0{,}0298674$	
0	—1,11855	0,00000	1,12674	0,00000	—1,13041	1	—1,11753	—0,06849	1,12332	0,10746	—1,12320
1	—1,11442	—0,13916	1,11286	0,21776	—1,10117	3	—1,10955	—0,20464	1,09658	0,31879	—1,06704
2	—1,10202	—0,27661	1,07147	0,42799	—1,01477	5	—1,09359	—0,33835	1,04353	0,51946	—0,95714
3	—1,08136	—0,41062	1,00329	0,62334	—0,87505	7	—1,06964	—0,46799	0,96509	0,70260	—0,79825
4	—1,05243	—0,53948	0,90952	0,79678	—0,68835	9	—1,03771	—0,59191	0,86258	0,86175	—0,59739
5	—1,01524	—0,66146	0,79183	0,94178	—0,46326	11	—0,99780	—0,70850	0,73779	0,99097	—0,36355
6	—0,96978	—0,77485	0,65238	1,05251	—0,21042	13	—0,94990	—0,81612	0,59298	1,08503	—0,10756
7	—0,91605	—0,87794	0,49382	1,12396	0,05785	15	—0,89403	—0,91314	0,43081	1,13953	0,15834
8	—0,85407	—0,96899	0,31925	1,15214	0,32787	17	—0,83017	—0,99793	0,25442	1,15108	0,42082
9	—0,78381	—1,04631	0,13229	1,13421	0,58512	19	—0,75833	—1,06887	0,06739	1,11746	0,66591
10	—0,70529	—1,10816	—0,06301	1,06871	0,81475	21	—0,67850	—1,12431	—0,12625	1,03773	0,87954
11	—0,61851	—1,15283	—0,26207	0,95567	1,00217	23	—0,59070	—1,16263	—0,32204	0,91244	1,04810
12	—0,52346	—1,17860	—0,45986	0,79681	1,13376	25	—0,49491	—1,18219	—0,51504	0,74374	1,15906
13	—0,42015	—1,18375	—0,65087	0,59570	1,19757	27	—0,39114	—1,18138	—0,69990	0,53556	1,20171
14	—0,30857	—1,16657	—0,82910	0,35792	1,18418	29	—0,27938	—1,15855	—0,87079	0,29376	1,16789
15	—0,18872	—1,12534	—0,98808	0,09125	1,08755	31	—0,15965	—1,11208	—1,02145	0,02627	1,05285
16	—0,06061	—1,05833	—1,12084	—0,19419	0,90599	33	—0,03193	—1,04033	—1,14518	—0,25675	0,85613
17	0,07576	—0,96384	—1,21996	—0,48577	0,64321	35	0,10377	—0,94168	—1,23481	—0,54272	0,58250
18	0,22040	—0,84014	—1,27752	—0,76813	0,30939	37	0,24745	—0,81449	—1,28274	—0,81657	0,24304
19	0,37331	—0,68551	—1,28513	—1,02309	—0,07765	39	0,39912	—0,65714	—1,28092	—1,06049	—0,14387
20	0,53448	—0,49824	—1,23391	—1,22943	—0,49119	41	0,55877	—0,46799	—1,22085	—1,25384	—0,55128
21	0,70392	—0,27661	—1,11451	—1,36274	—0,89430	43	0,72640	—0,24541	—1,09357	—1,37297	—0,94257
22	0,88162	—0,01890	—0,91709	—1,39523	—1,23847	45	0,90201	0,01223	—0,88971	—1,39107	—1,27011
23	1,06758	0,27661	—0,63134	—1,29561	—1,46214	47	1,08561	0,30656	—0,59940	—1,27803	—1,47390
24	1,26181	0,61164	—0,24648	—1,02888	—1,48918	49	1,27718	0,63920	—0,21237	—1,00025	—1,48024
25	1,46431	0,98789	0,24878	—0,55615	—1,22733	51	1,47674	1,01180	0,28213	—0,52054	—1,20020
26	1,67507	1,40710	0,86618	0,16547	—0,56646	53	1,68428	1,42597	0,89527	0,20209	—0,52809
27	1,89410	1,87098	1,61795	1,18309	0,62311	55	1,89981	1,88336	1,63868	1,21255	0,66011
28	2,12139	2,38125	2,51681	2,54819	2,49242	57	2,12332	2,38559	2,52446	2,55983	2,50841
Σ	—0,55929	—9,41677	0,56340	5,89406	—0,56521	Σ	0	—9,59941	1	6,02487	2
$N = 59$			$X_1(1) = 0{,}0587220$			$N = 60$				$X_1(1) = 0{,}0288715$	
0	—1,11852	0,00000	1,12662	0,00000	—1,13016	1	—1,11757	—0,06620	1,12343	0,10362	—1,12343
1	—1,11466	—0,13445	1,11367	0,21041	—1,10288	3	—1,11011	—0,19786	1,09844	0,30764	—1,07095
2	—1,10309	—0,26736	1,07503	0,41403	—1,02217	5	—1,09519	—0,32731	1,04885	0,50207	—0,96809
3	—1,08380	—0,39716	1,01133	0,60421	—0,89140	7	—1,07281	—0,45308	0,97543	0,68063	—0,81901
4	—1,05680	—0,52232	0,92360	0,77460	—0,71608	9	—1,04298	—0,57370	0,87936	0,83753	—0,62985
5	—1,02209	—0,64128	0,81332	0,91926	—0,50373	11	—1,00569	—0,68769	0,76221	0,96733	—0,40851
6	—0,97967	—0,75250	0,68236	1,03281	—0,26366	13	—0,96093	—0,79358	0,62592	1,06520	—0,16449
7	—0,92953	—0,85442	0,53303	1,11058	—0,00674	15	—0,90872	—0,88989	0,47284	1,12701	0,09138
8	—0,87167	—0,94550	0,36802	1,14876	0,25495	17	—0,84905	—0,97516	0,30570	1,14949	0,34725
9	—0,80610	—1,02419	0,19049	1,14451	0,50846	19	—0,78192	—1,04792	0,12762	1,13033	0,59062
10	—0,73282	—1,08894	0,00397	1,09615	0,74045	21	—0,70734	—1,10668	—0,05787	1,06832	0,80876
11	—0,65182	—1,13820	—0,18756	1,00325	0,93762	23	—0,62529	—1,14998	—0,24688	0,96350	0,98918
12	—0,56312	—1,17042	—0,37972	0,86680	1,08731	25	—0,53579	—1,17634	—0,43511	0,81726	1,12013
13	—0,46669	—1,18405	—0,56770	0,68934	1,17807	27	—0,43882	—1,18429	—0,61787	0,63248	1,19120
14	—0,36255	—1,17754	—0,74628	0,47511	1,20035	29	—0,33440	—1,17236	—0,79009	0,41366	1,19394
15	—0,25070	—1,14935	—0,90982	0,23020	1,14718	31	—0,22252	—1,13908	—0,94630	0,16705	1,12250
16	—0,13114	—1,09792	—1,05227	—0,03733	1,01501	33	—0,10318	—1,08297	—1,08063	—0,09921	0,97441
17	—0,00386	—1,02171	—1,16714	—0,31731	0,80447	35	0,02362	—1,00256	—1,18685	—0,37498	0,75135
18	0,13114	—0,91917	—1,24755	—0,59729	0,52133	37	0,15788	—0,89637	—1,25832	—0,64798	0,45995
19	0,27384	—0,78875	—1,28619	—0,86242	0,17742	39	0,29959	—0,76295	—1,28800	—0,90365	0,11270
20	0,42426	—0,62889	—1,27533	—1,09531	—0,20837	41	0,44877	—0,60080	—1,26847	—1,12505	—0,27110
21	0,58240	—0,43805	—1,20683	—1,27588	—0,60900	43	0,60540	—0,40846	—1,19193	—1,29268	—0,66437
22	0,74825	—0,21469	—1,07211	—1,38122	—0,98819	45	0,76949	—0,18446	—1,05017	—1,38443	—1,03122
23	0,92181	0,04275	—0,86220	—1,38546	—1,29918	47	0,94104	0,07268	—0,83461	—1,37535	—1,32583
24	1,10309	0,33582	—0,56770	—1,25962	—1,48358	49	1,12005	0,36443	—0,53626	—1,23761	—1,49130
25	1,29208	0,66607	—0,17879	—0,97144	—1,46998	51	1,30652	0,69225	—0,14574	—0,94031	—1,45850
26	1,48878	1,03503	0,31476	—0,48529	—1,17265	53	1,50045	1,05764	0,34670	—0,44939	—1,14476
27	1,69320	1,44428	0,92360	0,23798	—0,49013	55	1,70184	1,46205	0,95122	0,27252	—0,45261
28	1,90533	1,89534	1,65881	1,24123	0,69626	57	1,91068	1,90696	1,67836	1,26624	0,73159
29	2,12518	2,38978	2,53187	2,57113	2,52395	59	2,12698	2,39384	2,53905	2,57615	2,53905
Σ	—0,55927	—9,74779	0,56329	6,10179	—0,56507	Σ	0	—9,92984	3	6,21739	—1

x	X_2	X_3	X_4	X_5	X_6	$2x$	X_2	X_3	X_4	X_5	X_6
N ungerade						*N* gerade					
$N = 61$			$X_1(1) = 0{,}0567962$			$N = 62$			$X_1(1) = 0{,}0279399$		
0	—1,11849	0,00000	1,12652	0,00000	—1,12994	1	—1,11760	—0,06406	1,12353	0,10050	—1,1236
1	—1,11488	—0,13005	1,11440	0,20353	—1,10442	3	—1,11061	—0,19151	1,10013	0,29856	—1,0744
2	—1,10405	—0,25870	1,07825	0,40093	—1,02887	5	—1,09664	—0,31696	1,05366	0,48789	—0,9780
3	—1,08601	—0,38454	1,01860	0,58616	—0,90622	7	—1,07569	—0,43908	0,98480	0,66283	—0,8378
4	—1,06076	—0,50618	0,93636	0,75344	—0,74131	9	—1,04775	—0,55652	0,89460	0,81803	—0,6594
5	—1,02828	—0,62222	0,83283	0,89736	—0,54073	11	—1,01282	—0,66796	0,78441	0,94851	—0,4497
6	—0,98860	—0,73124	0,70963	1,01296	—0,31270	12	—0,97091	—0,77206	0,65596	1,04977	—0,2171
7	—0,94169	—0,83186	0,56879	1,09591	—0,06679	13	—0,92202	—0,86748	0,51128	1,11794	0,0287
8	—0,88757	—0,92267	0,41268	1,14256	0,18627	17	—0,86614	—0,95289	0,35279	1,14986	0,2774
9	—0,82624	—1,00227	0,24404	1,15014	0,43493	19	—0,80327	—1,02696	0,18322	1,14321	0,5177
10	—0,75768	—1,06926	0,06597	1,11680	0,66717	21	—0,73342	—1,08836	0,00565	1,09657	0,7380
11	—0,68192	—1,12223	—0,11805	1,04179	0,87090	23	—0,65659	—1,13573	—0,17649	1,00960	0,9269
12	—0,59893	—1,15979	—0,30418	0,92555	1,03441	25	—0,57277	—1,16776	—0,35944	0,88311	1,0735
13	—0,50873	—1,18053	—0,48823	0,76983	1,14687	27	—0,48196	—1,18311	—0,53909	0,71918	1,1678
14	—0,41131	—1,18305	—0,66562	0,57782	1,19883	29	—0,38417	—1,18044	—0,71099	0,52126	1,2013
15	—0,30668	—1,16596	—0,83142	0,35427	1,18288	31	—0,27940	—1,15842	—0,87034	0,29429	1,1675
16	—0,19483	—1,12784	—0,98032	0,10559	1,09424	33	—0,16764	—1,11571	—1,01200	0,04482	1,0628
17	—0,07577	—1,06730	—1,10668	—0,15999	0,93144	35	—0,04889	—1,05099	—1,13050	—0,21890	0,8864
18	0,05051	—0,98293	—1,20444	—0,43235	0,69708	37	0,07683	—0,96290	—1,22002	—0,48680	0,6419
19	0,18401	—0,87335	—1,26723	—0,69933	0,39858	39	0,20955	—0,85013	—1,27440	—0,74689	0,3374
20	0,32472	—0,73713	—1,28827	—0,94661	0,04902	41	0,34925	—0,71133	—1,28711	—0,98511	—0,0135
21	0,47265	—0,57289	—1,26044	—1,15760	—0,33200	43	0,49593	—0,54518	—1,25133	—1,18528	—0,3910
22	0,62779	—0,37922	—1,17625	—1,31332	—0,71741	45	0,64960	—0,35033	—1,15986	—1,32895	—0,7681
23	0,79016	—0,15471	—1,02784	—1,39227	—1,07176	47	0,81026	—0,12545	—1,00515	—1,39530	—1,1098
24	0,95973	0,10202	—0,80698	—1,37034	—1,35014	49	0,97790	0,13079	—0,77935	—1,36103	—1,3722
25	1,13653	0,39239	—0,50509	—1,22064	—1,49718	51	1,15252	0,41973	—0,47423	—1,20023	—1,5013
26	1,32053	0,71779	—0,11322	—0,91343	—1,44590	53	1,33413	0,74270	—0,08123	—0,88432	—1,4322
27	1,51176	1,07963	0,37796	—0,41596	—1,11657	55	1,52273	1,10103	0,40856	—0,38189	—1,0881
28	1,71020	1,47931	0,97813	0,30761	—0,41553	57	1,71831	1,49607	1,00437	0,34139	—0,3788
29	1,91586	1,91822	1,69735	1,29637	0,76612	59	1,92087	1,92915	1,71580	1,32288	0,7998
30	2,12873	2,39778	2,54602	2,59274	2,55375	61	2,13042	2,40159	2,55278	2,60308	2,5680
Σ	—0,55924	—10,07878	0,56327	6,30952	—0,56498	Σ	1	—10,26026	1	6,43858	—
$N = 63$			$X_1(1) = 0{,}0549927$			$N = 64$			$X_1(1) = 0{,}0270666$		
0	—1,11846	0,00000	1,12642	0,00000	—1,12974	1	—1,11762	—0,06206	1,12362	0,09735	—1,1238
1	—1,11507	—0,12592	1,11507	0,19709	—1,10582	3	—1,11107	—0,18556	1,10166	0,28937	—1,0777
2	—1,10493	—0,25058	1,08116	0,38861	—1,03494	5	—1,09796	—0,30724	1,05802	0,47345	—0,9870
3	—1,08802	—0,37269	1,02519	0,56909	—0,91969	7	—1,07829	—0,42589	0,99333	0,64445	—0,8551
4	—1,06434	—0,49098	0,94795	0,73324	—0,76432	9	—1,05207	—0,54030	0,90847	0,79745	—0,6866
5	—1,03390	—0,60418	0,85057	0,87612	—0,57465	11	—1,01930	—0,64925	0,80467	0,92788	—0,4877
6	—0,99669	—0,71103	0,73450	0,99316	—0,35791	13	—0,97997	—0,75152	0,68342	1,03159	—0,2659
7	—0,95272	—0,81024	0,60150	1,08031	—0,12261	15	—0,93408	—0,84591	0,54653	1,10494	—0,0296
8	—0,90198	—0,90055	0,45365	1,13415	0,12171	17	—0,88165	—0,93119	0,39612	1,14491	0,2115
9	—0,84448	—0,98069	0,29337	1,15193	0,36472	19	—0,82265	—1,00617	0,23460	1,14917	0,4476
10	—0,78021	—1,04937	0,12339	1,13176	0,59560	21	—0,75710	—1,06962	0,06467	1,11622	0,6683
11	—0,70918	—1,10534	—0,05324	1,07264	0,80335	23	—0,68500	—1,12033	—0,11063	1,04541	0,8630
12	—0,63139	—1,14731	—0,23316	0,97459	0,97718	25	—0,60634	—1,15709	—0,28801	0,93711	1,0216
13	—0,54683	—1,17402	—0,41266	0,83874	1,10691	27	—0,52112	—1,17869	—0,46383	0,79277	1,1346
14	—0,45550	—1,18420	—0,58773	0,66748	1,18341	29	—0,42935	—1,18390	—0,63419	0,61499	1,1938
15	—0,35741	—1,17657	—0,75404	0,46447	1,19909	31	—0,33103	—1,17153	—0,79485	0,40767	1,1924
16	—0,25255	—1,14986	—0,90694	0,23484	1,14842	33	—0,22615	—1,14035	—0,94130	0,17606	1,1257
17	—0,14093	—1,10279	—1,04143	—0,01479	1,02852	35	—0,11471	—1,08915	—1,06871	—0,07314	0,9917
18	—0,02255	—1,03411	—1,15223	—0,27614	0,83969	37	0,00328	—1,01672	—1,17195	—0,33166	0,7915
19	0,10260	—0,94253	—1,23371	—0,53922	0,58616	39	0,12782	—0,92185	—1,24561	—0,58960	0,5299
20	0,23452	—0,82678	—1,27993	—0,79220	0,27665	41	0,25892	—0,80332	—1,28394	—0,83532	0,2164
21	0,37319	—0,68559	—1,28464	—1,02132	—0,07481	43	0,39658	—0,65992	—1,28093	—1,05533	—0,1347
22	0,51864	—0,51769	—1,24123	—1,21080	—0,44820	45	0,54079	—0,49044	—1,23023	—1,23424	—0,5034
23	0,67085	—0,32181	—1,14282	—1,34268	—0,81666	47	0,69155	—0,29366	—1,12522	—1,35460	—0,8629
24	0,82982	—0,09667	—0,98218	—1,39681	—1,14568	49	0,84887	—0,06836	—0,95896	—1,39689	—1,1792
25	0,99556	0,15900	—0,75175	—1,35066	—1,39224	51	1,01274	0,18665	—0,72421	—1,33933	—1,4102
26	1,16807	0,44646	—0,44367	—1,17929	—1,50388	53	1,18317	0,47260	—0,41344	—1,15789	—1,5049
27	1,34733	0,76700	—0,04976	—0,85520	—1,41772	55	1,36016	0,79070	—0,01880	—0,82609	—1,4023
28	1,53337	1,12187	0,43851	—0,34823	—1,05955	57	1,54370	1,14217	0,46784	—0,31499	—1,0308

	N ungerade						*N* gerade				
x	X_2	X_3	X_4	X_5	X_6	$2x$	X_2	X_3	X_4	X_5	X_6
	Noch: $N = 63$						Noch: $N = 64$				
29	1,72617	1,51237	1,02996	0,37449	—0,34271	59	1,73379	1,52821	1,05492	0,40693	—0,30700
30	1,92573	1,93975	1,73375	1,34872	0,83289	61	1,93044	1,95004	1,75120	1,37391	0,86517
31	2,13206	2,40529	2,55934	2,61314	2,58197	63	2,13365	2,40887	2,56571	2,62291	2,59552
Σ	—0,55923	—10,40976	0,56321	6,51723	—0,56486	Σ	0	—10,59078	— 3	6,64546	— 2
	$N = 65$			$X_1(1) = 0{,}0533002$			$N = 66$			$X_1(1) = 0{,}0262462$	
0	—1,11843	0,00000	1,12634	0,00000	—1,12955	1	—1,11765	—0,06017	1,12371	0,09439	—1,12401
1	—1,11525	—0,12205	1,11567	0,19105	—1,10709	3	—1,11149	—0,17996	1,10305	0,28073	—1,08062
2	—1,10572	—0,24295	1,08381	0,37702	—1,04047	5	—1,09916	—0,29810	1,06200	0,45982	—0,99528
3	—1,08983	—0,36153	1,03119	0,55293	—0,93198	7	—1,08067	—0,41346	1,00110	0,62697	—0,87084
4	—1,06759	—0,47663	0,95851	0,71396	—0,78537	9	—1,05601	—0,52496	0,92114	0,77768	—0,71150
5	—1,03900	—0,58711	0,86677	0,85556	—0,60578	11	—1,02520	—0,63148	0,82319	0,90774	—0,52273
6	—1,00405	—0,69179	0,75723	0,97353	—0,39965	13	—0,98822	—0,73191	0,70858	1,01330	—0,31113
7	—0,96274	—0,78953	0,63147	1,06409	—0,17453	15	—0,94507	—0,82516	0,57891	1,09095	—0,08433
8	—0,91508	—0,87916	0,49131	1,12399	0,06107	17	—0,89576	—0,91010	0,43605	1,13780	0,14925
9	—0,86106	—0,95952	0,33889	1,15060	0,29790	19	—0,84029	—0,98565	0,28213	1,15158	0,38055
10	—0,80070	—1,02947	0,17661	1,14197	0,52619	21	—0,77866	—1,05069	0,11954	1,13069	0,60013
11	—0,73397	—1,08783	0,00717	1,09694	0,73595	23	—0,71086	—1,10412	—0,04904	1,07431	0,79844
12	—0,66089	—1,13346	—0,16646	1,01523	0,91724	25	—0,63690	—1,14482	—0,22069	0,98245	0,96609
13	—0,58146	—1,16518	—0,34103	0,89750	1,06057	27	—0,55677	—1,17170	—0,39220	0,85606	1,09418
14	—0,49567	—1,18186	—0,51298	0,74546	1,15720	29	—0,47048	—1,18364	—0,56012	0,69708	1,17469
15	—0,40352	—1,18232	—0,67849	0,56195	1,19957	31	—0,37803	—1,17955	—0,72071	0,50857	1,20080
16	—0,30503	—1,16542	—0,83347	0,35104	1,18176	33	—0,27941	—1,15831	—0,86997	0,29473	1,16734
17	—0,20017	—1,12998	—0,97350	0,11808	1,09991	35	—0,17463	—1,11883	—1,00363	0,06101	1,07121
18	—0,08897	—1,07486	—1,09392	—0,13016	0,95276	37	—0,06369	—1,05998	—1,11718	—0,18580	0,91187
19	0,02860	—0,99889	—1,18978	—0,38545	0,74214	39	0,05342	—0,98067	—1,20580	—0,43749	0,69182
20	0,15251	—0,90093	—1,25582	—0,63798	0,47358	41	0,17669	—0,87980	—1,26444	—0,68437	0,41715
21	0,28279	—0,77980	—1,28652	—0,87630	0,15685	43	0,30612	—0,75624	—1,28776	—0,91520	0,09806
22	0,41941	—0,63435	—1,27608	—1,08721	—0,19337	45	0,44172	—0,60891	—1,27017	—1,11705	—0,25052
23	0,56239	—0,46343	—1,21840	—1,25570	—0,55683	47	0,58348	—0,43669	—1,20580	—1,27527	—0,60831
24	0,71173	—0,26588	—1,10710	—1,36482	—0,90707	49	0,73140	—0,23848	—1,08852	—1,37342	—0,94909
25	0,86742	—0,04053	—0,93553	—1,39563	—1,21063	51	0,88549	—0,01316	—0,91195	—1,39313	—1,23994
26	1,02947	0,21377	—0,69675	—1,32712	—1,42633	53	1,04574	0,24036	—0,66940	—1,31408	—1,44062
27	1,19787	0,49817	—0,38353	—1,13607	—1,50450	55	1,21216	0,52319	—0,35396	—1,11389	—1,50276
28	1,37262	0,81385	0,01164	—0,79702	—1,38610	57	1,38473	0,83644	0,04158	—0,76803	—1,36918
29	1,55373	1,16194	0,49655	—0,28217	—1,00194	59	1,56348	1,18121	0,52467	—0,24977	—0,97301
30	1,74119	1,54362	1,07928	0,43874	—0,27174	61	1,74838	1,55861	1,10305	0,46991	—0,23695
31	1,93501	1,96004	1,76818	1,39847	0,89675	63	1,93945	1,96975	1,78471	1,42244	0,92764
32	2,13519	2,41236	2,57190	2,63242	2,60872	65	2,13668	2,41574	2,57792	2,64168	2,62159
Σ	—0,55920	—10,74071	0,56316	6,72490	—0,56477	Σ	— 1	—10,92124	— 1	6,85239	— 1
	$N = 67$			$X_1(1) = 0{,}0517088$			$N = 68$			$X_1(1) = 0{,}0254741$	
0	—1,11841	0,00000	1,12626	0,00000	—1,12939	1	—1,11767	—0,05840	1,12378	0,09160	—1,12417
1	—1,11542	—0,11841	1,11622	0,18536	—1,10825	3	—1,11187	—0,17469	1,10432	0,27258	—1,08329
2	—1,10645	—0,23577	1,08623	0,36609	—1,04551	5	—1,10025	—0,28947	1,06564	0,44693	—1,00281
3	—1,09149	—0,35101	1,03667	0,53763	—0,94320	7	—1,08283	—0,40172	1,00821	0,61035	—0,88526
4	—1,07056	—0,46308	0,96816	0,69556	—0,80466	9	—1,05961	—0,51043	0,93273	0,75872	—0,73437
5	—1,04365	—0,57092	0,88158	0,83570	—0,63443	11	—1,03058	—0,61459	0,84017	0,88814	—0,55501
6	—1,01075	—0,67348	0,77807	0,95417	—0,43825	13	—0,99574	—0,71319	0,73169	0,99504	—0,35308
7	—0,97188	—0,76969	0,65899	1,04745	—0,22285	15	—0,95510	—0,80521	0,60872	1,07623	—0,13538
8	—0,92702	—0,85850	0,52599	1,11247	0,00417	17	—0,90865	—0,88965	0,47290	1,12897	0,09052
9	—0,87619	—0,93885	0,38094	1,14671	0,23448	19	—0,85640	—0,96550	0,32615	1,15104	0,31646
10	—0,81937	—1,00969	0,22598	1,14820	0,45926	21	—0,79834	—1,03173	0,17057	1,14080	0,53387
11	—0,75657	—1,06995	0,06349	1,11569	0,66942	23	—0,73447	—1,08735	0,00855	1,09729	0,73403
12	—0,68779	—1,11859	—0,10389	1,04864	0,85585	25	—0,66480	—1,13134	—0,15733	1,02026	0,90827
13	—0,61303	—1,15453	—0,27328	0,94737	1,00971	27	—0,58932	—1,16269	—0,32422	0,91027	1,04828
14	—0,53229	—1,17674	—0,44154	0,81305	1,12271	29	—0,50803	—1,18039	—0,48905	0,76875	1,14637
15	—0,44557	—1,18414	—0,60529	0,64787	1,18747	31	—0,42094	—1,18342	—0,64851	0,59804	1,19579
16	—0,35287	—1,17568	—0,76088	0,45503	1,19788	33	—0,32804	—1,17078	—0,79905	0,40151	1,19111
17	—0,25418	—1,15030	—0,90442	0,23888	1,14951	35	—0,22934	—1,14146	—0,93689	0,18362	1,12856
18	—0,14952	—1,10696	—1,03177	0,00493	1,03994	37	—0,12483	—1,09443	—1,05800	—0,05007	1,00640
19	—0,03888	—1,04458	—1,13855	—0,24000	0,86933	39	—0,01452	—1,02870	—1,15814	—0,29274	0,82538
20	0,07775	—0,96211	—1,22011	—0,48777	0,64077	41	0,10161	—0,94325	—1,23280	—0,53631	0,58918
21	0,20036	—0,85850	—1,27156	—0,72882	0,36085	43	0,22353	—0,83707	—1,27726	—0,77135	0,30482
22	0,32894	—0,73268	—1,28774	—0,95208	0,04016	45	0,35127	—0,70914	—1,28655	—0,98699	—0,01678

	N ungerade						*N* gerade				
x	X_2	X_3	X_4	X_5	X_6	$2x$	X_2	X_3	X_4	X_5	X_6
	Noch: $N = 67$						Noch: $N = 68$				
23	0,46351	−0,58361	−1,26327	−1,14491	−0,30619	47	0,48481	−0,55847	−1,25547	−1,17088	−0,36035
24	0,60406	−0,41022	−1,19251	−1,29305	−0,65792	49	0,62415	−0,38402	−1,17858	−1,30912	−0,70566
25	0,75059	−0,21145	−1,06954	−1,38050	−0,98905	51	0,76931	−0,18481	−1,05020	−1,38614	−1,02702
26	0,90310	0,01374	−0,88823	−1,38947	−1,26726	53	0,92026	0,04020	−0,86442	−1,38472	−1,29266
27	1,06159	0,26643	−0,64218	−1,30030	−1,45318	55	1,07703	0,29200	−0,61510	−1,28583	−1,46412
28	1,22606	0,54766	−0,32473	−1,09140	−1,49978	57	1,23960	0,57161	−0,29584	−1,06863	−1,49563
29	1,39651	0,85850	0,07102	−0,73913	−1,35160	59	1,40798	0,88005	0,09997	−0,71035	−1,33343
30	1,57295	1,20000	0,55221	−0,21780	−0,94405	61	1,58216	1,21831	0,57919	−0,18625	−0,91508
31	1,75536	1,57321	1,12626	0,50048	−0,20263	63	1,76215	1,58742	1,14892	0,53045	−0,16876
32	1,94376	1,97920	1,80081	1,44583	0,95786	65	1,94794	1,98838	1,81648	1,46865	0,98744
33	2,13813	2,41902	2,58376	2,65068	2,63413	67	2,13954	2,42221	2,58945	2,65945	2,64635
Σ	−0,55922	−11,07168	0,56315	6,93256	−0,56470	Σ	1	−11,25172	3	7,05931	— 3
	$N = 69$			$X_1(1) = 0{,}0502096$			$N = 70$			$X_1(1) = 0{,}0247461$	
0	−1,11839	0,00000	1,12618	0,00000	−1,12923	1	−1,11769	−0,05673	1,12385	0,08897	−1,12431
1	−1,11557	−0,11498	1,11672	0,18000	−1,10931	3	−1,11221	−0,16972	1,10549	0,26489	−1,08573
2	−1,10711	−0,22900	1,08844	0,35577	−1,05013	5	−1,10125	−0,28133	1,06897	0,43473	−1,00971
3	−1,09301	−0,34108	1,04168	0,52311	−0,95350	7	−1,08482	−0,39062	1,01472	0,59454	−0,89850
4	−1,07328	−0,45026	0,97700	0,67798	−0,82238	9	−1,06290	−0,49666	0,94337	0,74052	−0,75544
5	−1,04790	−0,55556	0,89517	0,81653	−0,66084	11	−1,03551	−0,59853	0,85577	0,86909	−0,58486
6	−1,01689	−0,65603	0,79720	0,93515	−0,47399	13	−1,00264	−0,69531	0,75295	0,97691	−0,39204
7	−0,98023	−0,75069	0,68432	1,03058	−0,26784	15	−0,96428	−0,78605	0,63620	1,06101	−0,18309
8	−0,93794	−0,83857	0,55798	1,09992	−0,04922	17	−0,92045	−0,86985	0,50698	1,11878	0,03518
9	−0,89001	−0,91871	0,41985	1,14074	0,17437	19	−0,87114	−0,94577	0,36697	1,14807	0,25541
10	−0,83644	−0,99014	0,27182	1,15111	0,39496	21	−0,81635	−1,01288	0,21808	1,14723	0,46982
11	−0,77723	−1,05189	0,11602	1,12970	0,60428	23	−0,75609	−1,07026	0,06240	1,11521	0,67043
12	−0,71238	−1,10300	−0,04522	1,07582	0,79396	25	−0,69034	−1,11698	−0,09774	1,05155	0,84926
13	−0,64190	−1,14249	−0,20932	0,98947	0,95580	27	−0,61911	−1,15211	−0,25982	0,95652	0,99855
14	−0,56577	−1,16939	−0,37350	0,87144	1,08198	29	−0,54241	−1,17473	−0,42111	0,83110	1,11101
15	−0,48401	−1,18275	−0,53475	0,72336	1,16540	31	−0,46023	−1,18390	−0,57865	0,67712	1,18005
16	−0,39660	−1,18159	−0,68983	0,54777	1,19993	33	−0,37256	−1,17871	−0,72929	0,49724	1,20016
17	−0,30356	−1,16494	−0,83529	0,34815	1,18077	35	−0,27942	−1,15823	−0,86966	0,29509	1,16713
18	−0,20488	−1,13184	−0,96745	0,12905	1,10477	37	−0,18080	−1,12152	−0,99617	0,07526	1,07841
19	−0,10056	−1,08132	−1,08240	−0,10393	0,97082	39	−0,07670	−1,06766	−1,10504	−0,15660	0,93346
20	0,00940	−1,01240	−1,17602	−0,34399	0,78025	41	0,03287	−0,99573	−1,19228	−0,39373	0,73414
21	0,12500	−0,92413	−1,24396	−0,58311	0,53723	43	0,14793	−0,90480	−1,25365	−0,62819	0,48507
22	0,24623	−0,81554	−1,28164	−0,81200	0,24919	45	0,26847	−0,79393	−1,28475	−0,85082	0,19405
23	0,37311	−0,68565	−1,28426	−1,02000	−0,07269	47	0,39448	−0,66221	−1,28095	−1,05118	−0,12749
24	0,50562	−0,53350	−1,24682	−1,19504	−0,41298	49	0,52597	−0,50871	−1,23739	−1,21745	−0,46407
25	0,64378	−0,35812	−1,16407	−1,32355	−0,75156	51	0,66294	−0,33250	−1,14904	−1,33643	−0,79565
26	0,78757	−0,15854	−1,03054	−1,39043	−1,06304	53	0,80540	−0,13265	−1,01061	−1,39343	−1,09717
27	0,93700	0,06620	−0,84055	−1,37896	−1,31621	55	0,95333	0,09177	−0,81664	−1,37225	−1,33800
28	1,09207	0,31708	−0,58819	−1,27074	−1,47351	57	1,10673	0,34167	−0,56145	−1,25507	−1,48143
29	1,25278	0,59505	−0,26731	−1,04564	−1,49039	59	1,26562	0,61800	−0,23913	−1,02244	−1,48413
30	1,41913	0,90110	0,12843	−0,68170	−1,31472	61	1,42999	0,92167	0,15642	−0,65321	−1,29552
31	1,59112	1,23618	0,60562	−0,15513	−0,88613	63	1,59983	1,25361	0,63151	−0,12443	−0,85722
32	1,76874	1,60126	1,17105	0,55983	−0,13536	65	1,77516	1,61475	1,19267	0,58865	−0,10243
33	1,95201	1,99732	1,83176	1,49094	1,01640	67	1,95596	2,00602	1,84665	1,51270	1,04475
34	2,14091	2,42532	2,59499	2,66800	2,65828	69	2,14224	2,42833	2,60038	2,67632	2,66991
Σ	−0,55919	−11,40260	0,56311	7,14020	−0,56464	Σ	2	−11,58226	1	7,26627	0
	$N = 71$			$X_1(1) = 0{,}0487950$			$N = 72$			$X_1(1) = 0{,}0240586$	
0	−1,11837	0,00000	1,12612	0,00000	−1,12909	1	−1,11771	−0,05515	1,12391	0,08650	−1,12445
1	−1,11570	−0,11175	1,11718	0,17495	−1,11028	3	−1,11253	−0,16503	1,10656	0,25762	−1,08798
2	−1,10772	−0,22261	1,09047	0,34600	−1,05436	5	−1,10217	−0,27363	1,07203	0,42315	−1,01606
3	−1,09440	−0,33169	1,04628	0,50932	−0,96295	7	−1,08664	−0,38010	1,02071	0,57947	−0,91070
4	−1,07576	−0,43811	0,98511	0,66119	−0,83870	9	−1,06592	−0,48359	0,95316	0,72306	−0,77488
5	−1,05180	−0,54097	0,90766	0,79803	−0,68523	11	−1,04003	−0,58325	0,87013	0,85060	−0,61250
6	−1,02251	−0,63940	0,81481	0,91653	−0,50712	13	−1,00896	−0,67822	0,77257	0,95900	−0,42828
7	−0,98789	−0,73249	0,70768	1,01362	−0,30977	15	−0,97271	−0,76765	0,66160	1,04546	−0,22771
8	−0,94795	−0,81937	0,58754	1,08658	−0,09932	17	−0,93128	−0,85070	0,53853	1,10752	−0,01695
9	−0,90268	−0,89914	0,45590	1,13308	0,11748	19	−0,88467	−0,92651	0,40488	1,14309	0,19736
10	−0,85209	−0,97091	0,31443	1,15125	0,33339	21	−0,83289	−0,99422	0,26234	1,15056	0,40813
11	−0,79617	−1,03380	0,16504	1,13970	0,54089	23	−0,77592	−1,05299	0,11278	1,12879	0,60809
12	−0,73493	−1,08692	0,00980	1,09761	0,73229	25	−0,71378	−1,10197	−0,04171	1,07718	0,78987

	N ungerade						*N* gerade				
x	X_2	X_3	X_4	X_5	X_6	$2x$	X_2	X_3	X_4	X_5	X_6
			Noch: $N = 71$						Noch: $N = 72$		
13	—0,66836	—1,12938	—0,14898	1,02478	0,90000	27	—0,64646	—1,14030	—0,19890	0,99576	0,94624
14	—0,59646	—1,16029	—0,30883	0,92168	1,03668	29	—0,57396	—1,16713	—0,35633	0,88518	1,07033
15	—0,51924	—1,17877	—0,46706	0,78949	1,13554	31	—0,49628	—1,18161	—0,51137	0,74682	1,15580
16	—0,43670	—1,18392	—0,62079	0,63020	1,19055	33	—0,41342	—1,18289	—0,66119	0,58278	1,19714
17	—0,34882	—1,17486	—0,76693	0,44661	1,19674	35	—0,32539	—1,17011	—0,80280	0,39601	1,18990
18	—0,25563	—1,15070	—0,90220	0,24243	1,15045	37	—0,23217	—1,14243	—0,93298	0,19029	1,13099
19	—0,15710	—1,11055	—1,02312	0,02233	1,04972	39	—0,13378	—1,09899	—1,04836	—0,02968	1,01895
20	—0,05326	—1,05352	—1,12600	—0,20805	0,89454	41	—0,03021	—1,03894	—1,14536	—0,25822	0,85426
21	0,05592	—0,97873	—1,20698	—0,44196	0,68724	43	0,07854	—0,96143	—1,22021	—0,48867	0,63971
22	0,17042	—0,88528	—1,26197	—0,67157	0,43286	45	0,19247	—0,86561	—1,26898	—0,71326	0,38072
23	0,29024	—0,77229	—1,28669	—0,88785	0,13952	47	0,31158	—0,75062	—1,28752	—0,92314	0,08568
24	0,41539	—0,63886	—1,27668	—1,08057	—0,18115	49	0,43586	—0,61561	—1,27151	—1,10825	—0,23362
25	0,54587	—0,48412	—1,22724	—1,23819	—0,51362	51	0,56533	—0,45974	—1,21643	—1,25733	—0,56161
26	0,68167	—0,30717	—1,13352	—1,34783	—0,83797	53	0,69997	—0,28215	—1,11757	—1,35783	—0,87854
27	0,82280	—0,10713	—0,99044	—1,39523	—1,12948	55	0,83979	—0,08198	—0,97006	—1,39589	—1,16001
28	0,96925	0,11690	—0,79272	—1,36465	—1,35809	57	0,98479	0,14161	—0,76881	—1,35624	—1,37656
29	1,12103	0,36580	—0,53490	—1,23887	—1,48797	59	1,13497	0,38947	—0,50855	—1,22220	—1,49318
30	1,27813	0,64046	—0,21130	—0,99909	—1,47691	61	1,29033	0,66246	—0,18383	—0,97560	—1,46880
31	1,44056	0,94177	0,18394	—0,62488	—1,27587	63	1,45087	0,96143	0,21099	—0,59674	—1,25583
32	1,60832	1,27062	0,65688	—0,09416	—0,82838	65	1,61658	1,28723	0,68175	—0,06430	—0,79963
33	1,78140	1,62790	1,21380	0,61692	—0,06995	67	1,78747	1,64071	1,23445	0,64465	—0,03792
34	1,95980	2,01448	1,86116	1,53396	1,07251	69	1,96355	2,02273	1,87532	1,55474	1,09969
35	2,14354	2,43127	2,60563	2,68443	2,68126	71	2,14480	2,43413	2,61074	2,69235	2,69235
Σ	—0,55920	—11,73353	0,56308	7,34779	—0,56455	Σ	2	—11,91278	— 2	7,47323	0
	$N = 73$			$X_1(1) = 0{,}0474579$			$N = 74$			$X_1(1) = 0{,}0234082$	
0	—1,11835	0,00000	1,12606	0,00000	—1,12897	1	—1,11773	—0,05366	1,12397	0,08415	—1,12457
1	—1,11583	—0,10869	1,11760	0,17017	—1,11117	3	—1,11283	—0,16059	1,10754	0,25073	—1,09004
2	—1,10827	—0,21656	1,09233	0,33675	—1,05825	5	—1,10302	—0,26634	1,07484	0,41217	—1,02190
3	—1,09568	—0,32280	1,05051	0,49622	—0,97166	7	—1,08831	—0,37013	1,02622	0,56511	—0,92195
4	—1,07805	—0,42658	0,99258	0,64513	—0,85375	9	—1,06870	—0,47117	0,96218	0,70631	—0,79286
5	—1,05538	—0,52710	0,91916	0,78020	—0,70780	11	—1,04419	—0,56868	0,88339	0,83268	—0,63813
6	—1,02767	—0,62353	0,83106	0,89834	—0,53789	13	—1,01478	—0,66188	0,79069	0,94137	—0,46202
7	—0,99493	—0,71506	0,72926	0,99667	—0,34889	15	—0,98046	—0,74998	0,68510	1,02972	—0,26947
8	—0,95715	—0,80086	0,61491	1,07266	—0,14633	17	—0,94124	—0,83219	0,56780	1,09542	—0,06604
9	—0,91433	—0,88013	0,48935	1,12407	0,06367	19	—0,89712	—0,90774	0,44013	1,13648	0,14223
10	—0,86647	—0,95205	0,35408	1,14907	0,27457	21	—0,84810	—0.97583	0,30362	1,15128	0,34891
11	—0,81357	—1,01579	0,21081	1,14628	0,47948	23	—0,79417	—1,03569	0,15994	1,13865	0,54733
12	—0,75564	—1,07054	0,06140	1,11477	0,67137	25	—0,73535	—1,08653	0,01095	1,09791	0,73071
13	—0,69267	—1,11549	—0,09210	1,05419	0,84320	27	—0,67162	—1,12756	—0,14132	1,02886	0,89233
14	—0,62466	—1,14981	—0,24748	0,96473	0,98811	29	—0,60298	—1,15799	—0,29469	0,93192	1,02572
15	—0,55162	—1,17269	—0,40232	0,84725	1,09966	31	—0,52945	—1,17706	—0,44679	0,80807	1,12484
16	—0,47354	—1,18332	—0,55404	0,70326	1,17197	33	—0,45101	—1,18396	—0,59510	0,65900	1,18427
17	—0,39041	—1,18087	—0,69989	0,53502	1,20003	35	—0,36767	—1,17792	—0,73693	0,48707	1,19946
18	—0,30226	—1,16452	—0,83693	0,34557	1,17990	37	—0,27943	—1,15815	—0,86940	0,29539	1,16696
19	—0,20906	—1,13347	—0,96205	0,13875	1,10898	39	—0,18629	—1,12387	—0,98948	0,08789	1,08463
20	—0,11083	—1,08689	—1,07195	—0,08069	0,98630	41	—0,08824	—1,07429	—1,09397	—0,13068	0,95198
21	—0,00756	—1,02396	—1,16317	—0,30711	0,81282	43	0,01471	—1,00863	—1,17950	—0,35469	0,77039
22	0,10075	—0,94388	—1,23204	—0,53387	0,59172	45	0,12256	—0,92610	—1,24254	—0,57756	0,54341
23	0,21410	—0,84581	—1,27476	—0,75331	0,32876	47	0,23531	—0,82592	—1,27936	—0,79174	0,27710
24	0,33248	—0,72895	—1,28730	—0,95672	0,03259	49	0,35297	—0,70730	—1,28610	—0,98866	—0,01967
25	0,45590	—0,59248	—1,26550	—1,13427	—0,28487	51	0,47552	—0,56947	—1,25872	—1,15868	—0,33488
26	0,58436	—0,43557	—1,20499	—1,27493	—0,60806	53	0,60298	—0,41162	—1,19299	—1,29106	—0,65298
27	0,71786	—0,25742	—1,10123	—1,36649	—0,91739	55	0,73535	—0,23300	—1,08453	—1,37389	—0,95458
28	0,85639	—0,05720	—0,94951	—1,39547	—1,18883	57	0,87261	—0,03279	—0,92881	—1,39404	—1,21600
29	0,99997	0,16589	—0,74492	—1,34706	—1,39348	59	1,01478	0,18977	—0,72108	—1,33716	—1,40891
30	1,14857	0,41269	—0,48241	—1,20510	—1,49714	61	1,16185	0,43547	—0,45648	—1,18760	—1,49992
31	1,30222	0,68400	—0,15671	—0,95201	—1,45985	63	1,31382	0,70510	—0,12994	—0,92835	—1,45013
32	1,46091	0,98065	0,23760	—0,56878	—1,23543	65	1,47069	0,99945	0,26376	—0,54103	—1,21472
33	1,62463	1,30345	0,70612	—0,03486	—0,77097	67	1,63247	1,31929	0,73002	—0,00583	—0,74244
34	1,79339	1,65321	1,25465	0,67185	—0,00635	69	1,79915	1,66541	1,27439	0,69853	0,02478
35	1,96719	2,03076	1,88913	1,57504	1,12632	71	1,97073	2,03859	1,90261	1,59488	1,15241
36	2,14602	2,43691	2,61572	2,70006	2,70317	73	2,14721	2,43963	2,62058	2,70759	2,71374
Σ	—0,55919	—12,06446	0,56303	7,55538	—0,56448	Σ	2	—12,24333	0	7,68021	— 1

	N ungerade						*N* gerade				
x	X_2	X_3	X_4	X_5	X_6	$2x$	X_2	X_3	X_4	X_5	X_6
	$N = 75$			$X_1(1) = 0{,}0461921$			$N = 76$			$X_1(1) = 0{,}0227921$	
0	−1,11833	0,00000	1,12600	0,00000	−1,12885	1	−1,11774	−0,05225	1,12402	0,08193	−1,12468
1	−1,11595	−0,10579	1,11799	0,16564	−1,11199	3	−1,11310	−0,15638	1,10845	0,24420	−1,09195
2	−1,10879	−0,21083	1,09405	0,32797	−1,06184	5	−1,10380	−0,25942	1,07744	0,40173	−1,02729
3	−1,09686	−0,31436	1,05440	0,48375	−0,97969	7	−1,08986	−0,36065	1,03131	0,55140	−0,93235
4	−1,08015	−0,41563	0,99946	0,62978	−0,86767	9	−1,07127	−0,45935	0,97051	0,69022	−0,80952
5	−1,05868	−0,51389	0,92978	0,76302	−0,72871	11	−1,04803	−0,55479	0,89564	0,81533	−0,66195
6	−1,03243	−0,60838	0,84608	0,88060	−0,56650	13	−1,02014	−0,64625	0,80747	0,92405	−0,49348
7	−1,00141	−0,69835	0,74924	0,97984	−0,38542	15	−0,98761	−0,73300	0,70690	1,01391	−0,30858
8	−0,96562	−0,78304	0,64029	1,05834	−0,19047	17	−0,95043	−0,81432	0,59499	1,08270	−0,11228
9	−0,92505	−0,86171	0,52043	1,11397	0,01281	19	−0,90860	−0,88948	0,47295	1,12852	0,08992
10	−0,87971	−0,93360	0,39103	1,14498	0,21847	21	−0,86213	−0,95777	0,34215	1,14980	0,29218
11	−0,82960	−0,99794	0,25359	1,14996	0,42022	23	−0,81100	−1,01845	0,20411	1,14534	0,48837
12	−0,77472	−1,05401	0,10981	1,12794	0,61160	25	−0,75523	−1,07081	0,06048	1,11438	0,67225
13	−0,71506	−1,10102	−0,03850	1,07843	0,78611	27	−0,69481	−1,11411	−0,08692	1,05658	0,83759
14	−0,65064	−1,13825	−0,18933	1,00144	0,93735	29	−0,62975	−1,14764	−0,23611	0,97214	0,97833
15	−0,58144	−1,16492	−0,34052	0,89753	1,05921	31	−0,56003	−1,17066	−0,38497	0,86176	1,08870
16	−0,50747	−1,18029	−0,48976	0,76785	1,14605	33	−0,48567	−1,18247	−0,53124	0,72674	1,16346
17	−0,42872	−1,18361	−0,63458	0,61420	1,19290	35	−0,40666	−1,18232	−0,67249	0,56899	1,19806
18	−0,34520	−1,17411	−0,77233	0,43904	1,19565	37	−0,32301	−1,16951	−0,80615	0,39106	1,18880
19	−0,25691	−1,15106	−0,90023	0,24558	1,15130	39	−0,23470	−1,14329	−0,92948	0,19623	1,13313
20	−0,16385	−1,11368	−1,01532	0,03778	1,05817	41	−0,14175	−1,10296	−1,03962	−0,01152	1,02979
21	−0,06602	−1,06124	−1,11448	−0,17960	0,91619	43	−0,04415	−1,04778	−1,13352	−0,22742	0,87910
22	0,03659	−0,99297	−1,19444	−0,40095	0,72713	45	0,05809	−0,97703	−1,20802	−0,44589	0,68321
23	0,14397	−0,90813	−1,25176	−0,61975	0,49490	47	0,16499	−0,88999	−1,25978	−0,66047	0,44632
24	0,25612	−0,80595	−1,28286	−0,82857	0,22582	49	0,27653	−0,78593	−1,28531	−0,86385	0,17501
25	0,37304	−0,68569	−1,28398	−1,01899	−0,07105	51	0,39272	−0,66414	−1,28098	−1,04776	−0,12151
26	0,49474	−0,54659	−1,25120	−1,18156	−0,38362	53	0,51356	−0,52387	−1,24301	−1,20295	−0,43108
27	0,62121	−0,38791	−1,18046	−1,30079	−0,69638	55	0,63904	−0,36442	−1,16745	−1,31917	−0,73827
28	0,75245	−0,20887	−1,06752	−1,38007	−0,99013	57	0,76917	−0,18505	−1,05022	−1,38511	−1,02408
29	0,88846	−0,00874	−0,90799	−1,39166	−1,24156	59	0,90395	0,01495	−0,88707	−1,38838	−1,26557
30	1,02925	0,21324	−0,69731	−1,32660	−1,42291	61	1,04338	0,23632	−0,67362	−1,31543	−1,43555
31	1,17481	0,45783	−0,43078	−1,16974	−1,50157	63	1,18746	0,47977	−0,40531	−1,15157	−1,50217
32	1,32514	0,72578	−0,10353	−0,90463	−1,43968	65	1,33618	0,74603	−0,07746	−0,88087	−1,42856
33	1,48024	1,01784	0,28949	−0,51349	−1,19371	67	1,48955	1,03583	0,31478	−0,48617	−1,17246
34	1,64011	1,33476	0,75344	0,02278	−0,71405	69	1,64757	1,34989	0,77642	0,05100	−0,68579
35	1,80476	1,67731	1,29370	0,72472	0,05547	71	1,81023	1,68892	1,31260	0,75042	0,08572
36	1,97418	2,04622	1,91577	1,61429	1,17797	73	1,97755	2,05367	1,92862	1,63327	1,20303
37	2,14838	2,44227	2,62531	2,71494	2,72406	75	2,14951	2,44484	2,62993	2,72211	2,73416
Σ	−0,55916	−12,39531	0,56298	7,76295	−0,56442	Σ	1	−12,57387	4	7,88725	1
	$N = 77$			$X_1(1) = 0{,}0449921$			$N = 78$			$X_1(1) = 0{,}0222076$	
0	−1,11832	0,00000	1,12595	0,00000	−1,12874	1	−1,11776	−0,05090	1,12407	0,07983	−1,12479
1	−1,11605	−0,10305	1,11835	0,16135	−1,11274	3	−1,11335	−0,15238	1,10928	0,23800	−1,09371
2	−1,10926	−0,20540	1,09563	0,31964	−1,06515	5	−1,10452	−0,25285	1,07984	0,39179	−1,03228
3	−1,09794	−0,30635	1,05800	0,47187	−0,98712	7	−1,09128	−0,35165	1,03601	0,53831	−0,94198
4	−1,08210	−0,40522	1,00583	0,61508	−0,88057	9	−1,07364	−0,44810	0,97822	0,67478	−0,82498
5	−1,06172	−0,50131	0,93961	0,74646	−0,74813	11	−1,05158	−0,54153	0,90699	0,79854	−0,68411
6	−1,03682	−0,59391	0,85999	0,86333	−0,59315	13	−1,02510	−0,63129	0,82303	0,90709	−0,52284
7	−1,00739	−0,68233	0,76776	0,96318	−0,41957	15	−0,99422	−0,71669	0,72714	0,99811	−0,34523
8	−0,97343	−0,76589	0,66386	1,04374	−0,23193	17	−0,95892	−0,79706	0,62028	1,06951	−0,15585
9	−0,93495	−0,84387	0,54936	1,10302	−0,03525	19	−0,91921	−0,87175	0,50355	1,11948	0,04032
10	−0,89194	−0,91558	0,42549	1,13928	0,16503	21	−0,87509	−0,94007	0,37817	1,14647	0,23792
11	−0,84440	−0,98033	0,29361	1,15117	0,36318	23	−0,82655	−1,00135	0,24550	1,14931	0,43135
12	−0,79233	−1,03743	0,15524	1,13767	0,55326	25	−0,77361	−1,05494	0,10705	1,12715	0,61485
13	−0,73573	−1,08616	0,01201	1,09818	0,72926	27	−0,71625	−1,10015	−0,03554	1,07958	0,78264
14	−0,67461	−1,12585	−0,13426	1,03256	0,88522	29	−0,65448	−1,13632	−0,18050	1,00659	0,92904
15	−0,60896	−1,15579	−0,28164	0,94115	1,01538	31	−0,58829	−1,16278	−0,32592	0,90867	1,04861
16	−0,53878	−1,17529	−0,42805	0,82479	1,11435	33	−0,51770	−1,17885	−0,46975	0,78679	1,13630
17	−0,46408	−1,18364	−0,57125	0,68491	1,17725	35	−0,44269	−1,18388	−0,60980	0,64250	1,18760
18	−0,38485	−1,18016	−0,70888	0,52351	1,19993	37	−0,36327	−1,17718	−0,74376	0,47788	1,19873
19	−0,30109	−1,16415	−0,83842	0,34324	1,17912	39	−0,27944	−1,15809	−0,86918	0,29565	1,16681
20	−0,21280	−1,13490	−0,95720	0,14740	1,11265	41	−0,19120	−1,12594	−0,98344	0,09917	1,09006
21	−0,11998	−1,09173	−1,06244	−0,05997	0,99968	43	−0,09854	−1,08006	−1,08384	−0,10752	0,96801

N ungerade						*N* gerade				
X_2	X_3	X_4	X_5	X_6	$2x$	X_2	X_3	X_4	X_5	X_6
$N = 77$						$N = 78$				
—0,02264	—1,03395	—1,15118	—0,27412	0,84089	45	—0,00147	—1,01977	—1,16749	—0,31967	0,80169
0,07923	—0,96084	—1,22032	—0,48950	0,63875	47	0,10001	—0,94442	—1,23140	—0,53178	0,59389
0,18563	—0,87172	—1,26665	—0,69974	0,39777	49	0,20590	—0,85333	—1,27243	—0,73756	0,34935
0,29656	—0,76589	—1,28677	—0,89762	0,12473	51	0,31621	—0,74582	—1,28730	—0,92989	0,07507
0,41201	—0,64265	—1,27717	—1,07502	—0,17101	53	0,43093	—0,62124	—1,27259	—1,10082	—0,21950
0,53199	—0,50131	—1,23418	—1,22291	—0,47726	55	0,55005	—0,47891	—1,22477	—1,24149	—0,52214
0,65650	—0,34117	—1,15400	—1,33126	—0,77867	57	0,67360	—0,31816	—1,14014	—1,34213	—0,81762
0,78554	—0,16153	—1,03267	—1,38906	—1,05647	59	0,80155	—0,13831	—1,01489	—1,39198	—1,08735
0,91910	0,03829	—0,86609	—1,38425	—1,28810	61	0,93392	0,06129	—0,84504	—1,37933	—1,30918
1,05719	0,25901	—0,65002	—1,30368	—1,44689	63	1,07069	0,28132	—0,62652	—1,29141	—1,45698
1,19981	0,50131	—0,38008	—1,13311	—1,50175	65	1,21189	0,52245	—0,35509	—1,11439	—1,50039
1,34696	0,76589	—0,05175	—0,85710	—1,41680	67	1,35749	0,78534	—0,02637	—0,83334	—1,40446
1,49864	1,05344	0,33966	—0,45908	—1,15098	69	1,50750	1,07068	0,36413	—0,43222	—1,12931
1,65484	1,36467	0,79895	0,07881	—0,65771	71	1,66193	1,37912	0,82105	0,10622	—0,62979
1,81557	1,70027	1,33108	0,77564	0,11554	73	1,82077	1,71134	1,34918	0,80040	0,14493
1,98082	2,06093	1,94116	1,65183	1,22759	75	1,98402	2,06801	1,95342	1,67000	1,25167
2,15061	2,44735	2,63444	2,72912	2,74402	77	2,15168	2,44980	2,63883	2,73596	2,75367
—0,55917	—12,72624	0,56296	7,97051	—0,56439	Σ	— 2	—12,90442	— 2	8,09425	2
$N = 79$		$X_1(1) = 0{,}0438529$				$N = 80$			$X_1(1) = 0{,}0216523$	
—1,11830	0,00000	1,12590	0,00000	—1,12864	1	—1,11777	—0,04963	1,12412	0,07782	—1,12488
—1,11615	—0,10044	1,11869	0,15727	—1,11345	3	—1,11358	—0,14858	1,11006	0,23211	—1,09534
—1,10970	—0,20023	1,09710	0,31171	—1,06822	5	—1,10519	—0,24660	1,08206	0,38233	—1,03691
—1,09895	—0,29874	1,06134	0,46054	—0,99400	7	—1,09261	—0,34307	1,04038	0,52580	—0,95093
—1,08389	—0,39531	1,01172	0,60101	—0,89253	9	—1,07583	—0,43737	0,98537	0,65995	—0,83935
—1,06454	—0,48930	0,94871	0,73051	—0,76619	11	—1,05486	—0,52887	0,91753	0,78230	—0,70475
—1,04088	—0,58007	0,87289	0,84653	—0,61799	13	—1,02969	—0,61696	0,83749	0,89051	—0,55028
—1,01292	—0,66697	0,78497	0,94674	—0,45152	15	—1,00033	—0,70101	0,74597	0,98239	—0,37962
—0,98067	—0,74936	0,68579	1,02899	—0,27089	17	—0,96678	—0,78041	0,64385	1,05599	—0,19690
—0,94411	—0,82659	0,57632	1,09139	—0,08067	19	—0,92903	—0,85453	0,53211	1,10955	—0,00670
—0,90324	—0,89802	0,45767	1,13227	0,11418	21	—0,88709	—0,92275	0,41186	1,14160	0,18610
—0,85808	—0,96301	0,33108	1,15030	0,30841	23	—0,84095	—0,98446	0,28433	1,15095	0,37635
—0,80862	—1,02090	0,19790	1,14443	0,49656	25	—0,79062	—1,03903	0,15088	1,13673	0,55875
—0,75485	—1,07105	0,05962	1,11401	0,67307	27	—0,73609	—1,08583	0,01299	1,09844	0,72793
—0,69679	—1,11283	—0,08213	1,05876	0,83240	29	—0,67737	—1,12426	—0,12774	1,03593	0,87860
—0,63442	—1,14558	—0,22561	0,97884	0,96914	31	—0,61446	—1,15368	—0,26958	0,94951	1,00561
—0,56775	—1,16865	—0,36893	0,87486	1,07815	33	—0,54735	—1,17349	—0,41067	0,83990	1,10412
—0,49678	—1,18142	—0,51008	0,74792	1,15471	35	—0,47605	—1,18305	—0,54905	0,70831	1,16973
—0,42151	—1,18322	—0,64692	0,59964	1,19467	37	—0,40055	—1,18174	—0,68263	0,55645	1,19865
—0,34194	—1,17343	—0,77718	0,43221	1,19462	39	—0,32086	—1,16895	—0,80917	0,38659	1,18780
—0,25807	—1,15138	—0,89847	0,24840	1,15205	41	—0,23698	—1,14406	—0,92634	0,20155	1,13502
—0,16990	—1,11644	—1,00825	0,05160	1,06553	43	—0,14890	—1,10644	—1,03167	0,00474	1,03924
—0,07742	—1,06796	—1,10386	—0,15413	0,93495	45	—0,05662	—1,05548	—1,12257	—0,19978	0,90066
0,01936	—1,00530	—1,18252	—0,36407	0,76167	47	0,03985	—0,99054	—1,19632	—0,40730	0,72094
0,12043	—0,92781	—1,24131	—0,57275	0,54873	49	0,14051	—0,91102	—1,25010	—0,61241	0,50340
0,22581	—0,83485	—1,27717	—0,77397	0,30115	51	0,24536	—0,81629	—1,28093	—0,80898	0,25324
0,33549	—0,72577	—1,28694	—0,96072	0,02606	53	0,35442	—0,70573	—1,28574	—0,99014	—0,02223
0,44947	—0,59993	—1,26729	—1,12521	—0,26697	55	0,46766	—0,57872	—1,26132	—1,14822	—0,31340
0,56775	—0,45668	—1,21481	—1,25875	—0,56574	57	0,58510	—0,43464	—1,20434	—1,27474	—0,60806
0,69034	—0,29539	—1,12591	—1,35181	—0,85512	59	0,70673	—0,27286	—1,11134	—1,36037	—0,89120
0,81722	—0,11540	—0,99691	—1,39392	—1,11676	61	0,83256	—0,09278	—0,97876	—1,39493	—1,14474
0,94841	0,08394	—0,82397	—1,37366	—1,32888	63	0,96258	0,10625	—0,80288	—1,36729	—1,34723
1,08389	0,30325	—0,60314	—1,27864	—1,46588	65	1,09680	0,32482	—0,57989	—1,26541	—1,47364
1,22368	0,54320	—0,33034	—1,09544	—1,49813	67	1,23521	0,56357	—0,30584	—1,07628	—1,49501
1,36777	0,80442	—0,00134	—0,80960	—1,39157	69	1,37782	0,82312	0,02335	—0,78590	—1,37818
1,51616	1,08756	0,38819	—0,40559	—1,10748	71	1,52462	1,10408	0,41186	—0,37921	—1,08550
1,66885	1,39326	0,84273	0,13325	—0,60204	73	1,67561	1,40708	0,86400	0,15988	—0,57449
1,82584	1,72217	1,36689	0,82471	0,17390	75	1,83080	1,73274	1,38424	0,84858	0,20246
1,98714	2,07493	1,96540	1,68778	1,27528	77	1,99018	2,08168	1,97711	1,70518	1,29843
2,15273	2,45219	2,64313	2,74264	2,76310	79	2,15376	2,45452	2,64732	2,74918	2,77233
—0,55914	—13,05711	0,56296	8,17805	—0,56434	Σ	1	—13,23497	0	8,30131	2

Anhang $X_1(x)$

Da für die orthogonalen ganzen rationalen Funktionen ersten Grades gilt $X_1(2) = X_1(1) \cdot 2$, $X_1(3) = X_1(1) \cdot 3$ und so weiter, allgemein $X_1(x) = X_1(1) \cdot x$, sind in dem Tabellenhauptwerk für diese Funktionen nur die Werte $X_1(1)$ angegeben worden und zwar mit 7 Dezimalen. Da es für weniger gewandte Rechner vielleicht erwünscht ist, die Werte von $X_1(x)$ für alle in Frage kommenden x zur Hand zu erhalten, geschieht es hier, jedoch nur für verhältnismäßig kurze Reihen und zwar für die Umfänge $n = 3$ bis $n = 32$.

x	$n = 3$	x	$n = 4$
0	0,00000	1	0,44721
1	1,22474	3	1,34164
Σ	1,22474	Σ	1,78885

x	$n = 5$	x	$n = 6$
0	0,00000	1	0,29277
1	0,70711	3	0,87831
2	1,41421	5	1,46385
Σ	2,12132	Σ	2,63493

x	$n = 7$	x	$n = 8$
0	0,00000	1	0,21822
1	0,50000	3	0,65465
2	1,00000	5	1,09109
3	1,50000	7	1,52753
Σ	3,00000	Σ	3,49149

x	$n = 9$	x	$n = 10$
0	0,00000	1	0,17408
1	0,38730	3	0,52223
2	0,77460	5	0,87039
3	1,54919	7	1,21854
4	1,54919	9	1,56670
Σ	3,87398	Σ	4,35194

x	$n = 11$	x	$n = 12$
0	0,00000	1	0,14484
1	0,31623	3	0,43452
2	0,63246	5	0,72421
3	0,94868	7	1,01389
4	1,26491	9	1,30357
5	1,58114	11	1,59326
Σ	4,74342	Σ	5,21429

x	$n = 13$	x	$n = 14$
0	0,00000	1	0,12403
1	0,26726	3	0,37210
2	0,53452	5	0,62017
3	0,80178	7	0,86824
4	1,06904	9	1,11631
5	1,33631	11	1,36438
6	1,60357	13	1,61245
Σ	5,61248	Σ	6,07768

x	$n = 15$	x	$n = 16$
0	0,00000	1	0,10847
1	0,23146	3	0,32540
2	0,46291	5	0,54233
3	0,69437	7	0,75926
4	0,92582	9	0,97619
5	1,15728	11	1,19312
6	1,38873	13	1,41005
7	1,62019	15	1,62698
Σ	6,48076	Σ	6,94180

x	$n = 17$	x	$n = 18$
0	0,00000	1	0,09637
1	0,20412	3	0,28912
2	0,40825	5	0,48187
3	0,61237	7	0,67462
4	0,81650	9	0,86737
5	1,02062	11	1,06011
6	1,22474	13	1,25286
7	1,42887	15	1,44561
9	1,63299	17	1,63836
Σ	7,34846	Σ	7,80629

x	$n = 19$	x	$n = 20$
0	0,00000	1	0,08671
1	0,18257	3	0,26013
2	0,36515	5	0,43356
3	0,54772	7	0,60698
4	0,73030	9	0,78040
5	0,91287	11	0,95382
6	1,09545	13	1,12724
7	1,27802	15	1,30067
8	1,46059	17	1,47409
9	1,64317	19	1,64751
Σ	8,21584	Σ	8,67111

x	$n = 21$	x	$n = 22$
0	0,00000	1	0,07881
1	0,16514	3	0,23643
2	0,33029	5	0,39406
3	0,49543	7	0,55168
4	0,66058	9	0,70930
5	0,82572	11	0,86692
6	0,99087	13	1,02454
7	1,15601	15	1,18217
8	1,32116	17	1,33979
9	1,48630	19	1,49741
10	1,65145	21	1,65503
Σ	9,08295	Σ	9,53614

x	$n = 23$	x	$n = 24$
0	0,00000	1	0,07223
1	0,15076	3	0,21669
2	0,30151	5	0,36116
3	0,45227	7	0,50562
4	0,60302	9	0,65008
5	0,75378	11	0,79455
6	0,90453	13	0,93901
7	1,05529	15	1,08347
8	1,20605	17	1,22794
9	1,35680	19	1,37240
10	1,50756	21	1,51686
11	1,65831	23	1,66132
Σ	9,94988	Σ	10,40133

x	$n = 25$	x	$n = 26$
0	0,00000	1	0,06667
1	0,13868	3	0,20000
2	0,27735	5	0,33333
3	0,41603	7	0,46667
4	0,55470	9	0,60000
5	0,69338	11	0,73333
6	0,83205	13	0,86667
7	0,97073	15	1,00000
8	1,10940	17	1,13333
9	1,24808	19	1,26667
10	1,38675	21	1,40000
11	1,52543	23	1,53333
12	1,66410	25	1,66667
Σ	10,81668	Σ	11,26667

x	$n = 27$	x	$n = 28$
0	0,00000	1	0,06190
1	0,12839	3	0,18570
2	0,25678	5	0,30949
3	0,38516	7	0,43329
4	0,51355	9	0,55709
5	0,64194	11	0,68088
6	0,77033	13	0,80468
7	0,89872	15	0,92848
8	1,02711	17	1,05227
9	1,15549	19	1,17607
10	1,28388	21	1,29987
11	1,41227	23	1,42366
12	1,54066	25	1,54746
13	1,66905	27	1,67126
Σ	11,68333	Σ	12,13210

x	$n = 29$	x	$n = 30$
0	0,00000	1	0,05777
1	0,11952	3	0,17330
2	0,23905	5	0,28884
3	0,35857	7	0,40437
4	0,47809	9	0,51990

5	0,59761	11	0,63544
6	0,71714	13	0,75097
7	0,83666	15	0,86651
8	0,95618	17	0,98204
9	1,07571	19	1,09758
10	1,19523	21	1,21311
11	1,31475	23	1,32864
12	1,43427	25	1,44418
13	1,55380	27	1,55971
14	1,67332	29	1,67525
Σ	12,54990	Σ	12,99761

x	$n = 31$	x	$n = 32$
0	0,00000	1	0,05415
1	0,11180	3	0,16246
2	0,22361	5	0,27077
3	0,33541	7	0,37907
4	0,44721	9	0,48738
5	0,55902	11	0,59568
6	0,67082	13	0,70399
7	0,78262	15	0,81230
8	0,89443	17	0,92060
9	1,00623	19	1,02891
10	1,11803	21	1,13721
11	1,22984	23	1,24552
12	1,34164	25	1,35383
13	1,45344	27	1,46213
14	1,56525	29	1,57044
15	1,67705	31	1,67874
Σ	13,41640	Σ	13,86318